La ciliegina sulla torta

idee dolci per attimi di goloso piacere

Testi, foto e realizzazione ricette
Jessica Leone

Coordinamento editoriale
Giulia Malerba

Coordinamento redazionale
Francesca Badi

Progetto grafico e impaginazione
Cristiana Mistrali

Hanno collaborato
Cristina Bottari, Lucia Carletti, Gino Marazzini
Armando Minuz, Monica Nastrucci
Monia Petrolini, Giulia Valenti

marchio di Food Srl
Via Mazzini, 6 - 43121 Parma
www.foodeditore.it

ISBN 978-88-6154-353-9

Prima di iniziare... 8
Chi ben comincia... 10
Il buongiorno si vede dal mattino 30
La merenda del campione 52
It's five o'clock! 74
Metti una sera a cena 96
Attimi di goloso piacere 118
Indice analitico delle ricette 142

Passione, tecnica e creatività

Sono rimasto davvero colpito e piacevolmente sorpreso da questo volume di Food Editore e dal lavoro di Jessica Leone. Considerando che non è una pasticcera professionista ma "solo" un'appassionata è veramente brava. Ha una dote speciale, molto importante per chi fa bene e seriamente il mio lavoro: la precisione. La capacità di essere schematici (nel senso più positivo del termine) e metodici è fondamentale. La tecnica però non è tutto: senza creatività non si va lontano. In questo splendido libro accuratezza e fantasia, uniti a un'abbondante dose di gusto, formano un impasto perfettamente lievitato. I dolci proposti – torte, pasticcini, biscotti, creme e mousse – sono davvero alla portata di tutti perché spiegati con un linguaggio chiaro ed esaustivo.
Che dire delle foto? Pulite, luminose, perfettamente definite. È bello che Jessica fotografi i suoi dolci: in questo modo esalta e rende unico ciò che è suo in tutto e per tutto, senza l'intervento di uno sguardo e di percezioni estetiche esterne. Le immagini rispecchiano la sua passione. Mi piace lo sfondo bianco, mi affascina la precisione con cui l'autrice sceglie i colori, lavora gli ingredienti, racconta attraverso l'obbiettivo le ricette.
La pasticceria e la fotografia hanno qualcosa che le accomuna: nel momento in cui tu scatti e ottieni il risultato è come se avessi sfornato una torta ben riuscita. Anche in questo campo occorrono tecnica e creatività. La tecnica sta nel trovare la giusta luce e la giusta prospettiva. La creatività sta nel fotografare un soggetto statico come il cibo dandogli vita. In questo libro fresco, giovane e ambizioso Food Editore si conferma una raffinata casa editrice capace di scoprire anche nella grande blogosfera rare perle di talento e professionalità come la bravissima Ciliegina sulla torta.

Luca Montersino

Prima di iniziare...

Burro
Scegliere sempre burro di elevata qualità con un contenuto di materia grassa non inferiore all'82%. Quando in una ricetta si parla di burro morbido, tirare fuori il burro dal frigorifero almeno 2 ore prima. Quando invece si parla di burro fuso freddo, basta fondere il burro a bagnomaria e farlo raffreddare prima di unirlo agli altri ingredienti.

Uova
Utilizzare sempre uova fresche possibilmente di categoria 0. Un uovo medio, senza guscio, pesa circa 50 g, un tuorlo medio 15-20 g, mentre l'albume 30-35 g. Le uova andrebbero sempre portate a temperatura ambiente almeno 1 ora prima, salvo diversamente indicato. Quando si separano i tuorli dagli albumi è molto importante evitare che anche una minima quantità di tuorlo finisca negli albumi, altrimenti questi ultimi risulteranno inutilizzabili in tutte le preparazioni che prevedono di montarli a neve. Gli albumi possono essere congelati per circa 1 mese.

Farina di grano tenero
Il chicco di grano viene macinato in modo tale da ottenere farine destinate a diversi impieghi. Le varie tipologie di farina sono indicate dalle sigle *00, 0, 1, 2* e *integrale*, che esprimono il tasso di estrazione, ovvero la percentuale del chicco effettivamente estratta. La farina 00, la più chiara e raffinata, è ricavata principalmente dal cuore del chicco, dunque è una farina a basso tasso di estrazione (70%). Man mano che si va dalla 00 alla 0, 1 e 2, la farina deriva da un tasso di estrazione sempre più alto e quindi risulta sempre meno raffinata e più scura. La farina integrale, con un tasso di estrazione pari al 100%, contiene al suo interno tutto il chicco. La classificazione della farina avviene anche in base alla sua forza glutinica, indicata dalla lettera W e determinata dalla quantità di proteine contenute al suo interno. Una farina forte, e quindi ricca di glutine (W>280), è caratterizzata da un'elevata capacità di assorbimento dell'acqua (fino all'80%) ed è ideale per le lunghe lievitazioni e per preparazioni complesse.
La Manitoba, reperibile in molti supermercati, è una farina particolarmente forte (W>350) indicata per la pasticceria lievitata e spesso impiegata per rinforzare farine deboli. Una farina debole (W<180), al contrario, è più adatta per preparazioni come frolle, torte e biscotti.

Zucchero
Il semolato è sicuramente il più raffinato ma anche quello maggiormente utilizzato nella preparazione di dolci. Lo zucchero a velo non è altro che zucchero bianco in polvere finissima. Si scioglie molto velocemente ed è quindi utile in preparazioni a freddo in cui si vuole mantenere una texture vellutata (panna montata, creme, ecc.). Lo zucchero di canna chiaro o scuro, meno raffinato dello zucchero comune, è caratterizzato da un sapore più intenso di melassa e da una maggiore capacità di trattenere l'umidità all'interno del prodotto finito.

Lievito
Lievito di birra: può essere fresco o disidratato. Un panetto da 20 g di lievito fresco equivale a una bustina da 7 g di lievito disidratato. Il primo va sciolto in poca acqua tiepida, per l'attivazione, mentre il secondo va semplicemente aggiunto alla farina (salvo diverse indicazioni riportate sulla confezione).
Lievito per dolci: venduto in bustine da 16 g, è un lievito a doppia azione, cioè una piccola parte di esso agirà nel momento in cui verrà aggiunto agli altri ingredienti, mentre la parte restante si attiverà solamente grazie al calore del forno. Questo permette di conservare alcuni impasti per diverso tempo in frigorifero, prima della cottura.
Bicarbonato di sodio: è un sale che necessita la presenza di un acido (limone, yogurt, cremor tartaro, ecc.) per poter reagire liberando anidride carbonica, con conseguente lievitazione del dolce. Questo tipo di reazione inizia nel momento in cui il bicarbonato entra in contatto con l'ingrediente acido, per cui si consiglia di non lasciar passare troppo tempo prima di infornare il dolce, per non perdere parte della lievitazione. Il classico sapore sgradevole di bicarbonato, presente talvolta nei dolci, è dovuto semplicemente a una quantità insufficiente di componente acida nella ricetta.
Bicarbonato d'ammonio: chiamato anche ammoniaca per dolci, si trova in farmacia e in alcuni supermercati. Dona ai biscotti una consistenza unica. Quando viene impiegato, ricordarsi di aprire le finestre prima di sfornare, in modo da lasciar fuoriuscire i vapori dall'odore pungente.

NOTA dell'AUTRICE I tempi di preparazione indicati in tutte le ricette non comprendono i tempi di riposo.

MATFER

Chi ben comincia...

Pan di Spagna

Pasta sucrée

Pasta choux

Estratto di vaniglia

Crema pasticcera

Pasta sfoglia

Meringa

Crema inglese

Amarene sciroppate

Pan di Spagna

preparazione **25 minuti**
cottura **40 minuti**

Per pan di Spagna più grandi (con un contenuto maggiore di uova), i tempi di cottura aumentano, indicativamente di 5-10 minuti per ogni uovo in più. Il diametro della teglia dev'essere scelto a seconda della quantità di uova utilizzate:
- 2 uova: stampo da 15 cm di diametro.
- 3 uova: stampo da 20 cm di diametro.
- 4 uova: stampo da 22 cm di diametro.
- 6 uova: stampo da 24-26 cm di diametro.

per uno stampo da 20 cm

150 g di uova intere (circa 3) a temperatura ambiente
75 g di zucchero semolato
un pizzico di sale
75 g di farina "00" debole (per dolci)

Montare in planetaria (o con le fruste elettriche) le uova con lo zucchero e il sale fino a quando il volume della massa risulterà più che triplicato (da 15 a 20 minuti). Il composto deve risultare chiaro e spumoso e, lasciato cadere dalle fruste, dovrà formare sull'impasto una sorta di nastro che impieghi almeno 8-10 secondi prima di dissolversi. È molto importante non montare la massa più del dovuto, altrimenti il pan di Spagna risulterà eccessivamente asciutto.

Aggiungere la farina un po' per volta, lasciandola cadere direttamente dal setaccio, e incorporarla molto delicatamente con movimenti dal basso verso l'alto, cercando di non smontare il composto.

Versare l'impasto in una teglia ben imburrata e infarinata, batterla leggermente sul piano di lavoro e cuocere in forno statico preriscaldato a 150-160°C per 35-40 minuti o fino a quando la superficie sarà leggermente dorata. È possibile aprire il forno per verificarne la cottura solo una volta trascorsi 30 minuti.

Lasciare il pan di Spagna nel forno spento per 5 minuti. Sfornare e far raffreddare completamente su una griglia. Conservare ben chiuso in un sacchetto per alimenti. Durata: 2-3 giorni.

Pasta sucrée

preparazione **25 minuti**
cottura **40 minuti**

La pasta sucrée è una frolla molto fine ma più compatta e resistente rispetto a una frolla classica (per la ricetta vedi p. 62). È adatta soprattutto alla cottura in bianco, ma si presta anche alla cottura con ripieno.

Questo impasto non necessita di pesi per la cottura in bianco, ma è importante che il passaggio dal congelatore al forno ben caldo sia immediato, in modo da permettere all'impasto di cuocere subito esternamente senza perdere la forma.

per circa 500 g di pasta sucrée
(una crostata grande o 12 tartellette individuali)

125 g di burro morbido
85 g di zucchero a velo
1 baccello di vaniglia
25 g di farina di mandorle
un pizzico di sale
50 g di uova (circa 1) leggermente battute
250 g di farina "00" debole (per dolci)

Lavorare il burro con lo zucchero a velo setacciato, la farina di mandorle, i semini estratti dal baccello di vaniglia e il sale fino a ottenere un composto cremoso e omogeneo.

Unire le uova e amalgamare bene il tutto. Aggiungere tutta la farina setacciata e impastare velocemente in modo da non scaldare eccessivamente l'impasto.

Appiattire leggermente l'impasto, avvolgerlo con pellicola e lasciarlo riposare in frigorifero per almeno 3 ore. Questo impasto si può conservare fino a 2 giorni in frigorifero e fino a 2 mesi in congelatore (per lo scongelamento va tenuto una notte in frigorifero).

Per la cottura "in bianco": preriscaldare il forno a 170°C. Stendere l'impasto a uno spessore di 3-4 mm, sistemandolo tra due fogli di carta forno; ricavare dei dischi leggermente più grandi rispetto agli stampi da utilizzare e sistemarli all'interno degli stampi (o cerchi) facendoli aderire perfettamente al fondo e ai bordi.

Rifilare l'eventuale eccedenza d'impasto con un coltellino e bucherellare il fondo con una forchetta. Congelare per almeno 1 ora e infornare immediatamente, per una ventina di minuti, o fino a quando la pasta non risulterà dorata. Lasciar raffreddare completamente prima di riempire.

Pasta choux

preparazione **25 minuti**
cottura **10+40 minuti**

La quantità d'uovo assorbita dall'impasto può variare notevolmente. La dose indicata in ricetta, quindi, potrebbe essere eccessiva così come insufficiente. È importante osservare l'aspetto e la consistenza dell'impasto che deve risultare molto morbido ma al tempo stesso abbastanza sodo da poter creare gli choux con la sac à poche.

Choux ed eclairs possono essere congelati, dopo essere stati formati, e cotti al momento del bisogno. Sarà sufficiente sistemarli ancora congelati su una teglia rivestita con carta forno o leggermente unta e cuocerli come da ricetta, tenendo presente che il tempo di cottura sarà leggermente più lungo.

per circa 50 choux medi

125 g di latte fresco intero
125 g di acqua
100 g di burro
un pizzico di sale
1 cucchiaino raso di zucchero semolato
150 g di farina "00" per pane
280 g di uova leggermente battute a temperatura ambiente (quantità indicativa)

Versare in un pentolino il latte, l'acqua, il burro, il sale e lo zucchero e mettere sul fuoco. Al primo accenno di bollore allontanare dal fuoco e unire tutta la farina setacciata, mescolando bene in modo da amalgamare il tutto.

Rimettere il pentolino sul fuoco per 2 o 3 minuti, continuando a mescolare, per permettere al composto di asciugarsi. Versare in un recipiente pulito o in planetaria e mescolare per qualche minuto in modo da consentire la fuoriuscita del vapore.

Aggiungere le uova, in almeno 5-6 riprese, e amalgamare bene senza incorporare aria. Attendere sempre che l'uovo sia stato completamente assorbito prima di aggiungerne un altro. Quando l'impasto avrà un aspetto lucido e la giusta consistenza (dovrà ricadere pesantemente nella ciotola formando un nastro e mantenendo la forma senza essere troppo "fermo") non aggiungere più uova e trasferire in una sac à poche munita di bocchetta liscia (diametro di 1 cm).

Preparare più teglie rivestite con carta forno o, ancora meglio, leggermente unte con una piccolissima quantità di burro. Formare tanti piccoli choux ben distanziati. Per fare gli eclairs formare dei bastoncini della lunghezza di 12 cm.

Cuocere in forno preriscaldato a 180°C per circa 30 minuti (il tempo varia a seconda delle dimensioni), senza aprire lo sportello, o fino a quando gli choux saranno gonfi e dorati. Spegnare il forno e lasciare asciugare altri 10 minuti prima di sfornare. Far raffreddare e utilizzare subito.

Estratto di vaniglia

preparazione **5 minuti**

L'estratto di vaniglia è un ingrediente fondamentale per aromatizzare in modo del tutto naturale torte, biscotti, creme, conserve, etc. È sempre meglio prepararne in gran quantità, dato che non ha scadenza.
È bene utilizzarlo in piccole dosi e regolarsi anche in base ai propri gusti: 1 cucchiaino di estratto è più che sufficiente per aromatizzare una torta di medie dimensioni.

per 1/2 litro di estratto

60 g di baccelli di vaniglia (circa 15)
500 ml di vodka 40% Vol.

Aprire i baccelli di vaniglia nel senso della lunghezza e tagliarli a pezzi più piccoli, quindi introdurli in una bottiglia di vetro possibilmente scuro da 1 litro, insieme alla vodka.

Conservare in un luogo fresco e buio per almeno 6 mesi, ricordandosi di agitare vigorosamente il tutto ogni giorno per almeno 2 settimane.

Successivamente sarà sufficiente agitare l'estratto di tanto in tanto.
Prima di utilizzare, filtrare e travasare in una o più bottiglie pulite.
Durata: non ha scadenza.

vaniglia

Crema pasticcera

preparazione **5 minuti**
cottura **5+10 minuti**

Volendo preparare una crema pasticcera al cacao stemperare la quantità desiderata di cacao amaro in polvere con pochissimo latte, in modo da ottenere una "pasta" priva di grumi, e incorporarla alla crema ancora calda.

per circa 750 g di crema

500 g di latte intero fresco
1 baccello di vaniglia o la scorza di 1/2 limone
100 g di tuorli (circa 4) a temperatura ambiente
120 g di zucchero semolato
40 g di maizena
40 g di burro morbido (facoltativo)

Versare il latte in un pentolino, aggiungervi il baccello di vaniglia tagliato a metà nel senso della lunghezza o la scorza di limone (solo la parte gialla) e portare a bollore; togliere la pentola dal fuoco e lasciare in infusione per almeno 30 minuti, in modo che la vaniglia o la scorza di limone rilascino il loro aroma. Filtrare il tutto in una pentola pulita.

Lavorare i tuorli con lo zucchero senza montare il composto, unire la maizena setacciata e amalgamare il tutto con cura. Rimettere il latte sul fuoco e, prima che raggiunga il bollore, versarlo a filo nel composto di tuorli mescolando continuamente in modo da temperare le uova, evitandone la repentina cottura con conseguente "separazione" della crema.

Rimettere la pentola su fuoco dolce e, continuando a mescolare con una spatola, portare a cottura la crema fino a giusta consistenza (dovrebbe avere una temperatura di 82-85°C). Versare subito in un recipiente pulito e mescolare in modo da raffreddare la crema il più velocemente possibile.

Quando la temperatura si sarà abbassata (circa 50°C), aggiungere il burro a cubetti e mescolare fino a quando non sarà completamente sciolto. Coprire "a contatto" con pellicola per alimenti e far raffreddare completamente. Conservare in frigorifero. Durata: 1 giorno.

Pasta sfoglia

preparazione **40 minuti**

Utilizzare possibilmente una planetaria o qualsiasi robot per preparare i due impasti ed evitare il più possibile di manipolarli: la rapidità, in tutte le operazioni, è fondamentale per impedire al burro di sciogliersi. Durante la stesura della pasta è sconsigliato l'uso di farina. Per evitare che l'impasto si attacchi al piano di lavoro è possibile sistemarlo tra due fogli di carta forno.

per circa 750 g di pasta sfoglia

primo impasto
250 g di burro a temperatura ambiente
100 g di farina "0" per pane e lievitati

secondo impasto
230 g di farina "00" debole (per dolci)
80 g di burro
100 g di acqua
1 cucchiaino raso di sale

1) **Primo impasto:** impastare bene il burro morbido con la farina, sistemare il composto tra due fogli di carta forno e stenderlo velocemente con il mattarello, in modo da ottenere un rettangolo di circa 20x30 cm. Lasciar riposare in frigorifero per almeno 2 ore.
2) **Secondo impasto:** impastare la farina con il burro fuso freddo. Unire circa 2/3 dell'acqua e il sale e impastare, aggiungere altra acqua fino a ottenere un impasto morbido ma non appiccicoso (utilizzare tutta l'acqua solo se necessario, a seconda del potere di assorbimento della farina). Stendere con il mattarello per ottenere un rettangolo di circa 20x15 cm; avvolgere con pellicola e lasciar riposare in frigorifero per almeno 2 ore.
3) Quando entrambi gli impasti saranno ben freddi, sistemare il secondo impasto (20x15 cm) in modo da coprire la metà del primo (20x30 cm) e chiudere a libro con la seconda metà.
4) Posizionare il lato chiuso (il dorso del libro) alla propria sinistra e stendere in lunghezza fino a ottenere un rettangolo di circa 40x20 cm.
5) Eseguire una piega doppia: portare entrambi i lati corti verso il centro del rettangolo, in modo tale che si tocchino, e piegare in due come per chiudere un libro, in modo da ottenere un rettangolo di 10x20 cm. Avvolgere con pellicola e lasciare in frigo per almeno 2 ore.
6) Ripetere i punti 4 e 5. Ora è possibile congelare la sfoglia per utilizzi futuri (prima di proseguire con il punto 7 va lasciata scongelare una notte in frigorifero), oppure lasciarla in frigorifero per almeno 2 ore.
7) Riprendere la sfoglia ben fredda e ripetere il punto 4. Eseguire successivamente una piega semplice: dividere idealmente il rettangolo in tre parti, piegare il primo terzo del rettangolo in modo da sovrapporlo a quello centrale, infine piegare l'ultimo in modo da sovrapporlo agli altri due, esattamente come si farebbe per una lettera. Avvolgere con pellicola e lasciare in frigorifero per almeno 2 ore.
8) A questo punto è possibile stendere e utilizzare la sfoglia come richiesto nella ricetta in cui si intende impiegarla.

Meringa

cottura **3 ore** (per la meringa francese)

Le classiche meringhe croccanti e friabili che tutti conosciamo non sono altro che meringa francese, una meringa preparata montando a lungo l'albume con lo zucchero e successivamente asciugata in forno. La meringa italiana e quella svizzera, del tutto simili ma ottenute con due procedimenti diversi, vengono cotte senza l'ausilio del forno e si impiegano più che altro per conferire spumosità a mousse e altre preparazioni, per decorazioni con la sac à poche e per guarnizioni da caramellare con l'aiuto di un cannello a gas.

Il cremor tartaro, reperibile in farmacia, è un sale utilizzato in questo caso per stabilizzare la meringa. In alternativa, utilizzare qualche goccia di succo di limone.

per la meringa francese
100 g di albumi (circa 3, grandi) a temperatura ambiente
100 g di zucchero semolato, 100 g di zucchero a velo
un pizzico di cremor tartaro

per la meringa italiana
100 g di albumi, 200 g di zucchero semolato, 50 g di acqua

per la meringa svizzera
100 g di albumi, 200 g di zucchero semolato

Per la meringa francese: unire e mescolare insieme lo zucchero a velo e lo zucchero semolato. Versare gli albumi e il cremor tartaro in un recipiente, montare a bassa velocità con le fruste elettriche fino a quando assumeranno una consistenza spumosa. Iniziare a aggiungere lo zucchero, un cucchiaio alla volta, e continuare a montare aumentando man mano la velocità, fino a quando la massa sarà perfettamente lucida e abbastanza soda da formare dei picchi ben fermi (15-20 minuti). Nel frattempo preparare una sac à poche con bocchetta larga e tre teglie rivestite con carta forno. Trasferire il composto nella sacca da pasticciere e formare le meringhe sulle teglie. Cuocere in forno statico preriscaldato a 80-90° C e lasciare che le meringhe asciughino; ci vorranno circa 3 ore. Le meringhe sono pronte quando risultano perfettamente asciutte all'interno. Lasciar raffreddare completamente nel forno spento e conservare in scatole di latta. Durata: fino a 1 mese.

Per la meringa italiana: versare l'acqua e lo zucchero in un pentolino e lasciar bollire fino a quando lo sciroppo non raggiungerà una temperatura di 120° C. Nel frattempo iniziare a montare gli albumi a bassa velocità; non appena saranno spumosi versare lo sciroppo bollente a filo, continuando a montare a bassa velocità. Una volta versato tutto lo sciroppo, aumentare la velocità e continuare a montare la meringa fino a quando si sarà completamente raffreddata e risulterà lucida e gonfia.

Per la meringa svizzera: versare gli albumi e lo zucchero in un recipiente resistente al calore, cuocere a bagnomaria montando continuamente con una frusta. Quando la meringa risulta calda (circa 60° C) e ben montata e lo zucchero si è completamente dissolto, spostare il recipiente dal bagnomaria e continuare a montare fino a quando la meringa sarà gonfia e si sarà raffreddata.

Crema inglese

preparazione **10 minuti**
cottura **10 minuti**

La crema inglese è ottima in accompagnamento a dolci da forno, dallo strudel alla torta paradiso, ma anche come base per gelati e altri dessert al cucchiaio tipo mousse e bavaresi.

per circa 300 g di crema

200 g di latte fresco intero
50 g di panna fresca o latte intero
1/2 baccello di vaniglia
60 g di tuorli (circa 3) a temperatura ambiente
50 g di zucchero semolato

Rompere i tuorli con una forchetta, aggiungere lo zucchero e i semi prelevati dal baccello di vaniglia e lavorare bene il tutto senza introdurre aria. Portare a bollore il latte con la panna e il baccello di vaniglia vuoto, togliere dal fuoco e lasciare in infusione per 5 minuti.

Filtrare e versare a filo sui tuorli, avendo cura di mescolare la miscela di continuo, in modo da permettere allo zucchero di sciogliersi completamente e ai tuorli di temperarsi senza rapprendersi. Trasferire nuovamente il tutto in un pentolino e rimettere su fuoco dolce, mescolare continuamente e cuocere fino a quando la crema velerà il cucchiaio o raggiungerà la temperatura di 82°C.

Filtrare immediatamente in un recipiente pulito e posizionare il tutto in un altro recipiente contenente acqua e ghiaccio, in modo da abbattere la temperatura il più velocemente possibile. Coprire con pellicola e conservare in frigorifero. Durata: 1 giorno.

Amarene sciroppate

preparazione **10 minuti**
cottura **20 minuti**

Perfette con del buon gelato al fior di latte o al pistacchio, ma anche per rendere ancor più golosa una semplice panna cotta o per ravvivare il solito yogurt bianco. Una volta sgocciolate, le amarene possono diventare il ripieno "a sorpresa" di un tortino al cioccolato, la farcia di una torta a strati o crostata o, più semplicemente, un'aggiunta all'impasto del vostro plumcake preferito.

per 4-5 vasetti medi

1 kg di amarene denocciolate
600 g di zucchero semolato
1 cucchiaio di estratto di vaniglia (vedi p. 18)

Lasciar macerare le amarene con lo zucchero per 12 ore in frigorifero. Trasferire il tutto in una pentola e cuocere a fuoco medio.

Al primo accenno di bollore allontanare dal fuoco, coprire e lasciar riposare per altre 12 ore.

Filtrare, in modo da separare le ciliegie dallo sciroppo, e lasciar bollire quest'ultimo per circa 10 minuti a fuoco alto. Aggiungere le amarene e l'estratto di vaniglia e lasciar bollire per altri 3-4 minuti.

Invasare subito e sterilizzare, facendo bollire i vasetti in acqua per circa 20 minuti. Durata: 6 mesi.

Il buongiorno si vede dal mattino

Brioche francese

Hot cross buns

Ciambelline al latte

Scones sofficissimi

Flapjacks al cocco e limone

Cake marbré alla confettura di mirtilli

Pancakes leggeri

Biscotti integrali ai fiocchi d'avena

Muffins allo yogurt e fragole

Croissants al burro

Brioche francese

preparazione **30 minuti**
cottura **30 minuti**

Un classico intramontabile che mette d'accordo grandi e piccoli. Questa brioche, dall'impasto ricco ma incredibilmente soffice e leggero, può essere consumata così com'è, oppure con confettura a piacere.

per una brioche grande o 9 brioches individuali

250 g di farina "00" forte (tipo Manitoba)
3 g di lievito di birra disidratato (oppure 9 g di lievito fresco)
150 g di uova (circa 3) a temperatura ambiente
45 g di zucchero semolato
4 g di sale
1/2 baccello di vaniglia
125 g di burro morbido
1 uovo battuto per la doratura

Miscelare la farina con il lievito disidratato (il lievito fresco va prima sciolto in pochissima acqua tiepida). Battere le uova con lo zucchero, il sale e i semi di vaniglia, aggiungere 2/3 della miscela alla farina e impastare fino a completo assorbimento. Unire la parte restante e lavorare fino a quando l'impasto non sarà liscio e compatto. Aggiungere il burro morbido, un po' per volta, e impastare a lungo. L'impasto, una volta pronto, risulterà lucido ed elastico e si staccherà perfettamente dalle pareti del recipiente (o dal piano di lavoro).

Dare una forma arrotondata e lasciar lievitare per 1 ora in un recipiente coperto con pellicola per alimenti (in estate potrebbe essere sufficiente mezz'ora). Trasferire in frigorifero a 4-5°C per 12 ore. Lasciare 1 ora a temperatura ambiente (mezz'ora in estate).

Versare l'impasto sulla spianatoia, sgonfiarlo e stenderlo leggermente in modo da dargli una forma più o meno rettangolare, piegare in tre (nello stesso modo in cui si piega una lettera), coprire e lasciar riposare mezz'ora.

Dividere in tre pezzi da circa 190 g, dare a ognuno una forma regolare e arrotondata e distanziarli il più possibile in uno stampo a cassetta (30x11 cm) rivestito con carta forno. In alternativa, dividere l'impasto in nove pezzi da 60 g, staccare da ognuno un pezzetto (6 g circa) che servirà per la "testa". Dare una forma arrotondata, sistemare in stampini da brioche imburrati e decorare ognuna sistemando una pallina d'impasto sulla sommità, facendo un po' di pressione.

Lasciar lievitare da 1 a 2 ore, o fino a quando la brioche non avrà superato il bordo dello stampo. Pennellare delicatamente con l'uovo battuto e cuocere in forno statico preriscaldato a 180°C per 25-30 minuti (per le brioches individuali saranno sufficienti 10-12 minuti) o fino a doratura. Servire possibilmente tiepida. Conservare ben chiusa in un sacchetto per alimenti. Durata: 1-2 giorni.

Hot cross buns

preparazione **30 minuti**
cottura **25 minuti**

Questi panini dolci all'uvetta, tipici della Pasqua inglese, vengono tradizionalmente serviti il Venerdì Santo ma sono ormai diventati un classico reperibile tutto l'anno. Sempre molto graditi a colazione, ancora caldi, soprattutto se accompagnati a burro di ottima qualità.

per 12 brioches

500 g di farina "00" forte (tipo Manitoba)
75 g di zucchero semolato
7 g di lievito di birra disidratato (o 20 g di lievito fresco)
un pizzico di sale
1 cucchiaino raso di cannella in polvere
250 g di latte fresco
1 uovo medio a temperatura ambiente
1/2 baccello di vaniglia
la scorza grattugiata di 1/2 arancia
60 g di burro fuso freddo
100 g di uva sultanina

per la finitura
75 g di farina "00" per dolci
1 cucchiaio di zucchero a velo
80 g di acqua
confettura di albicocche per lucidare

Mescolare bene tutti gli ingredienti asciutti in un recipiente o nella ciotola della planetaria. Unire il latte tiepido, l'uovo precedentemente battuto, i semi prelevati dal baccello di vaniglia, la scorza di arancia: impastare il tutto fino a ottenere un impasto omogeneo ed elastico. Aggiungere il burro fuso freddo e continuare a impastare fino a ottenere un impasto liscio e compatto. Infine unire l'uvetta e lavorare brevemente in modo da distribuirla all'interno della pasta. Coprire la ciotola con pellicola alimentare e lasciar lievitare in un luogo tiepido fino al raddoppio del volume (da 1 a 2 ore).

Sgonfiare e dividere in dodici pezzi da circa 85 g. Formare con ogni pezzo una piccola boule e sistemare in tre file da quattro all'interno di una teglia rettangolare dai bordi alti (20x30 cm) rivestita con carta forno. Pennellare con poco burro fuso e coprire con pellicola. Lasciar lievitare al caldo fino a quando il volume sarà raddoppiato (circa 1 ora).

Nel frattempo preparare una pastella mescolando insieme lo zucchero a velo con la farina, unendo l'acqua un po' per volta. Versare il tutto in una sac à poche oppure in un cornetto di carta. Quando le brioches saranno raddoppiate tagliare un angolino dalla sac à poche e decorare disegnando con la pastella le caratteristiche croci. Cuocere in forno statico preriscaldato a 180°C per 20-25 minuti. Sfornare e pennellare immediatamente con la confettura di albicocche precedentemente scaldata e stemperata con poca acqua. Servire ancora tiepide con del buon burro. Durata: 1 giorno.

Ciambelline al latte

preparazione **30 minuti**
cottura **25 minuti**

Le classiche ciambelline per la prima colazione, croccanti e prufumate, da inzuppare nel latte o da sgranocchiare sorseggiando una tazza di tè.

per 40-50 ciambelline

150 g di olio extravergine d'oliva delicato
150 g di latte fresco
150 g di zucchero semolato
1 cucchiaio di estratto di vaniglia *(vedi p. 18)*
600 g di farina debole (per dolci)
5 g di bicarbonato d'ammonio
un pizzico di sale

per la finitura
latte
zucchero semolato

Versare in un recipiente tutti gli ingredienti tranne la farina: mescolare con una frusta in modo da emulsionare il tutto.

Disporre la farina a fontana e versarvi la miscela al centro, lavorare bene il tutto fino a ottenere un impasto omogeneo. Avvolgere con pellicola per alimenti e lasciar riposare 1 ora in frigorifero.

Dividere l'impasto in 40-50 pezzi (20-25 g ognuno, circa), formare dei cilindri allungati e chiudere in modo da formare delle piccole ciambelle.

Pennellare la superficie con poco latte e passare nello zucchero semolato. Sistemare le ciambelle su più teglie rivestite di carta forno, distanziandole leggermente, e cuocere in forno statico preriscaldato a 180°C per 20-25 minuti, o fino a leggera doratura. Lasciar raffreddare su una griglia e conservare in scatole di latta. Durata: 7-10 giorni.

Scones sofficissimi

preparazione **15 minuti**
cottura **15 minuti**

Un dolce anglosassone molto semplice e versatile, una sorta di panino soffice e leggermente dolce che si adatta molto bene sia alla prima colazione che all'ora del tè. Gli scones vanno serviti ancora tiepidi, mettendo a disposizione burro, confetture di ogni genere e panna montata. É possibile arricchire gli scones aggiungendo a piacere una manciata di uvetta sultanina, pezzi di cioccolato o frutti rossi unendoli agli ingredienti asciutti dopo il passaggio nel robot.

Per 10 scones

250 g di farina "00" debole (per dolci)
10 g di lievito per dolci (2 cucchiaini)
2 g di bicarbonato (1/4 di cucchiaino)
30 g di zucchero
75 g di burro freddo
100 g di yogurt al naturale
50 g di latte fresco
un pizzico di sale
1 uovo battuto per la finitura

Versare in un robot con le lame la farina setacciata con il lievito e il bicarbonato, lo zucchero e il sale. Aggiungere il burro freddo a cubetti e frullare per pochi secondi, in modo da distribuire il burro negli ingredienti asciutti senza scioglierlo.

Trasferire il composto in un recipiente capiente, versarvi il latte precedentemente mescolato con lo yogurt e amalgamare velocemente il tutto con una forchetta, fino a completo assorbimento.

Stendere l'impasto a uno spessore di circa 2,5 cm, aiutandosi con un po' di farina. Con un coppapasta ricavare dei cilindri del diametro di 5-6 cm.

Sistemare gli scones su una teglia rivestita di carta forno, pennellare con l'uovo battuto e cuocere in forno statico preriscaldato a 200°C per 15 minuti o fino a leggera doratura. Servire gli scones tiepidi con confettura e panna montata a piacere. Durata: 1 giorno.

Flapjacks al cocco e limone

preparazione **15 minuti**
cottura **45 minuti**

Adatte a colazione oppure come snack, queste barrette si possono personalizzare aggiungendo a piacere una manciata di uvetta, mirtilli rossi e altra frutta essiccata o gocce di cioccolato fondente (in questo caso, omettere la scorza di limone). I più golosi potranno inoltre decorare la superficie delle barrette con fili di cioccolato fuso, lasciandolo rapprendere completamente prima di riporre i flapjaccks in una scatola di latta o nell'alluminio.

per 12 barrette

125 g di burro
125 g di zucchero di canna
50 g di golden syrup o miele
25 g di latte condensato
la scorza grattugiata di 1 limone non trattato
250 g di fiocchi d'avena
100 g di cocco grattugiato disidratato
un pizzico di sale

Versare in un pentolino il burro, lo zucchero di canna, il golden syrup, il latte condensato e la scorza di limone e cuocere fino a quando il burro sarà completamente sciolto.

In un recipiente unire i fiocchi d'avena, il cocco e il sale, versarvi la miscela calda e mescolare in modo da distribuirla omogeneamente.

Trasferire il composto in una teglia quadrata da 20 cm rivestita con carta forno, pressare bene aiutandosi con il dorso di un cucchiaio e cuocere in forno statico preriscaldato a 150°C per 40-45 minuti o fino a quando non avrà assunto un colore ambrato. Sfornare e lasciar raffreddare completamente prima di tagliare.

Conservare le barrette in una scatola di latta oppure avvolgerle singolarmente in un foglio di alluminio. Durata: 1 settimana.

Cake marbré alla confettura di mirtilli

preparazione **25 minuti**
cottura **50 minuti**

Un cake sofficissimo che può essere declinato in diverse varianti, giocando semplicemente con gli ingredienti.
Per "marmorizzare" il cake si può utilizzare qualsiasi tipo di confettura. Volendo, si può anche eliminare la confettura e aromatizzare l'impasto con la scorza grattugiata di 1 limone o di 1 arancia non trattata.
È possibile l'eventuale aggiunta, subito dopo la farina, di gocce di cioccolato, canditi o frutta disidratata a piacere.

per un cake medio

200 g di uova (circa 4) a temperatura ambiente
200 g di zucchero semolato
200 g di panna fresca a temperatura ambiente
100 g di burro fuso freddo
1 cucchiaino di estratto di vaniglia *(vedi p. 18)*
200 g di farina "00" debole (per dolci)
15 g di lievito per dolci (3 cucchiaini)
un pizzico di sale
75 g di confettura di mirtilli passata al setaccio

Montare in planetaria (o con le fruste elettriche) le uova con lo zucchero fino a quando il composto sarà triplicato (10 minuti), unire la panna, il burro fuso freddo e l'estratto di vaniglia e incorporarli delicatamente con una spatola, in modo da non smontare la massa.

Setacciare la farina con il lievito e il sale e inserirli nel composto in tre riprese, con movimenti dal basso verso l'alto. Prelevare 250 g di impasto e incorporarvi la confettura.

Rivestire uno stampo da plumcake medio (20-25 cm) con carta forno e versarvi al centro i due impasti, alternando tre cucchiaiate di impasto base a due cucchiaiate di impasto contenente la confettura, in modo da ottenere un effetto marmorizzato.

Lasciare per almeno 1 ora in frigorifero. Cuocere in forno statico preriscaldato a 160°C per circa 50 minuti, o fino a quando l'interno del dolce risulterà perfettamente asciutto (per una cottura perfetta, la temperatura al cuore dev'essere di 92°C). Lasciar raffreddare completamente prima di servire. Durata: 2-3 giorni.

Pancakes leggeri

preparazione **10 minuti**
cottura **30 minuti**

Davvero irrinunciabili per tutti gli affezionati della colazione all'americana, questi pancakes possono essere arricchiti con frutti rossi freschi da aggiungere all'impasto prima della cottura.

per 15 pancakes

150 g di farina "00" debole (per dolci)
5 g di lievito per dolci (1 cucchiaino)
2 g di bicarbonato (1/4 di cucchiaino)
25 g di zucchero semolato
un pizzico di sale
1 uovo medio
120 g di latte fresco
120 g di yogurt al naturale
25 g di burro fuso freddo
1 cucchiaino di estratto di vaniglia (vedi p. 18)
burro per la piastra

Setacciare insieme in un recipiente la farina, il lievito, il bicarbonato e il sale; aggiungere lo zucchero. In un altro recipiente mescolare con una frusta il tuorlo d'uovo, il latte, lo yogurt, l'estratto di vaniglia e il burro fuso freddo.

Versare la miscela sugli ingredienti asciutti e amalgamare il tutto con una forchetta, senza lavorare eccessivamente il composto (è normale la presenza di piccoli grumi).

Montare l'albume a neve non troppo ferma e incorporarlo molto delicatamente all'impasto. Lasciar riposare in frigorifero per circa 10-15 minuti.

Scaldare una piastra antiaderente a fiamma media, imburrarla ed eliminare l'eccesso di burro con della carta da cucina. Aiutandosi con un porzionatore a molla per gelato o con un cucchiaio, versare piccole dosi di impasto ben distanziate tra loro. Non appena si formeranno delle bollicine d'aria in superficie (circa 1 minuto), girare i pancakes con una paletta e cuocere per 1 altro minuto.

Servire i pancakes caldi con sciroppo d'acero o miele, confettura o frutta di stagione a piacere.

Biscotti integrali ai fiocchi d'avena

preparazione **20 minuti**
cottura **15 minuti**

Un biscotto ricchissimo di fibre e sorprendentemente buono, adatto per la prima colazione ma non solo. Può essere sbriciolato e utilizzato per la preparazione di basi per cheesecake e altri dolci.

per 20 biscotti

100 g di fiocchi d'avena
100 g di farina integrale
100 g di burro morbido
40 g di zucchero semolato
30 g di miele
un pizzico di sale
1/2 baccello di vaniglia
2 g di bicarbonato d'ammonio (1/4 di cucchiaino)

Frullare brevemente i fiocchi d'avena senza ridurli a una farina (nel prodotto finito dovranno sentirsi i pezzi) e mescolarli alla farina integrale.

Lavorare il burro con lo zucchero fino a ottenere un composto soffice. Aggiungere il miele, il sale, i semi prelevati dal baccello di vaniglia e il bicarbonato d'ammonio e amalgamare bene. Unire tutta la farina e lavorare brevemente, fino a ottenere un impasto omogeneo.

Avvolgere con pellicola e lasciar riposare almeno 2 ore in frigorifero. Stendere l'impasto a uno spessore di 4 mm circa e ricavare i biscotti con un coppapasta (5-6 cm di diametro).

Disporre i biscotti su una teglia rivestita con carta forno e lasciar riposare in frigorifero per almeno 30 minuti prima di cuocere in forno statico preriscaldato a 170°C per 15 minuti circa. Lasciar raffreddare su una griglia e conservare in una scatola di latta. Durata: 7-10 giorni.

Muffins allo yogurt e fragole

preparazione **15 minuti**
cottura **30 minuti**

Un dolce che conquista tutti per la sorprendente sofficità - dovuta soprattutto all'utilizzo dello yogurt - che contrasta con la consistenza friabile del topping. Le fragole possono essere sostituite con la stessa quantità di altra frutta come mele, rabarbaro, albicocche, frutti di bosco e ciliegie.

per 12 muffins

250 g di farina "00" debole (per dolci)
150 g di zucchero semolato
10 g di lievito per dolci (2 cucchiaini)
un pizzico di sale
115 g di latte fresco
115 g di yogurt al naturale
1 uovo medio
75 g di burro fuso freddo
1 cucchiaino di estratto di vaniglia *(vedi p. 18)*
250 g di fragole

per la finitura
30 g di zucchero semolato
20 g di burro morbido
20 g di farina "00" debole (per dolci)
20 g di farina di mandorle o pistacchi

Preparare la finitura frullando insieme tutti gli ingredienti, fino a ottenere delle briciole di impasto; conservare in frigorifero.

In un recipiente mescolare tutti gli ingredienti asciutti. A parte battere l'uovo con una frusta, aggiungere il latte, lo yogurt, l'estratto di vaniglia e il burro fuso. Mescolare bene e versare sugli ingredienti asciutti. Amalgamare brevemente senza lavorare troppo il composto, che dovrà avere un aspetto leggermente grumoso e disomogeneo.

Aggiungere le fragole, precedentemente lavate, asciugate e tagliate a pezzetti, e distribuirle all'interno del composto cercando di non mescolare eccessivamente.

Sistemare 12 pirottini per muffins all'interno di uno stampo apposito e riempire per 3/4 con l'impasto. Distribuire il topping sbriciolandolo sull'impasto e cuocere in forno statico preriscaldato a 180°C per 25-30 minuti, o fino a quando, infilzando i muffin con uno stecchino, questo uscirà perfettamente asciutto dall'impasto. Lasciar raffreddare completamente e servire. Durata: 1-2 giorni.

Croissants al burro

preparazione **60 minuti**
cottura **25 minuti**

Dopo il punto 6, i croissants possono essere congelati, al massimo per 2 mesi. Per cuocerli sarà sufficiente sistemarli su una teglia rivestita con carta forno, ben distanziati, e lasciarli scongelare e lievitare in un luogo tiepido per una notte, o fino a quando il loro volume non sarà raddoppiato. A questo punto, procedere con il punto 8.

per 18 croissants

500 g di farina "00" forte (tipo Manitoba), 50 g di zucchero semolato
10 g di latte in polvere (facoltativo), 220-250 g di acqua
4 g di lievito di birra disidratato (o 12 g di lievito fresco)
30 g di burro morbido, 8 g di sale
250 g di burro per la sfogliatura, 1 uovo per la doratura

1) Versare in un recipiente la farina, il lievito secco (il lievito fresco va sciolto in poca acqua tiepida), lo zucchero, il latte in polvere e mescolare. Unire l'acqua, un po' per volta, e impastare fino a ottenere un impasto morbido ma non appiccicoso (non è detto che sia necessario utilizzare tutta l'acqua, ogni farina ha un potere di assorbimento diverso). Aggiungere il burro morbido e il sale e impastare fino a quando l'impasto sarà lucido, compatto, e si staccherà dalle pareti della ciotola. Dare all'impasto una forma arrotondata, coprire il recipiente con pellicola per alimenti e lasciare in frigorifero per 2 ore.
2) Sistemare il burro per la sfogliatura tra due fogli di carta forno e stenderlo con il mattarello, in modo da formare un quadrato di circa 20 cm di lato. Mettere nuovamente in frigo.
3) Trascorso il tempo di riposo, riprendere l'impasto e stenderlo in modo da ottenere un rettangolo di 30x20 cm. Posizionare il burro in modo da coprire i primi 2/3 del rettangolo di impasto e fare una prima piega semplice: piegare l'ultimo terzo d'impasto sopra la parte centrale e chiudere "a libro" con il primo terzo (si otterrà un rettangolo di 20 x10 cm).
4) Stendere nella direzione determinata dall'unico lato chiuso, in modo da ottenere un rettangolo di circa 30x20 cm. Fare nuovamente una piega semplice, piegando l'impasto in tre, avvolgere con pellicola per alimenti e lasciare 2 ore in frigorifero.
5) Ripetere tutto il punto 4 altre due volte.
6) Stendere fino a formare un rettangolo di circa 45x30 cm, spesso circa 1/2 cm. Dividerlo in due rettangoli più piccoli di 45x15 cm l'uno. Ricavare da ogni rettangolo circa 9 triangoli aventi una base di 10 cm e un'altezza di 15 cm. Per formare un croissant prendere un triangolo, praticarvi un piccolo taglio al centro della base e arrotolarlo su se stesso, partendo dalla base, stringendo leggermente e tirando la punta, in modo da allungare il triangolo. La punta dovrà finire sotto il croissant, in modo da impedire che si apra in cottura.
7) Sistemare i croissants ben distanziati su più teglie rivestite con carta forno e lasciarli lievitare da 2 a 3 ore, o fino a quando il loro volume risulterà raddoppiato.
8) Pennellare i croissants con la doratura, preparata battendo l'uovo con un pizzico di sale, e cuocere in forno preriscaldato a 180°C per 25 minuti, o fino a quando saranno perfettamente dorati. Servire quando sono ancora caldi o tiepidi. Durata: 1 giorno.

DE NORMANDIE
2 FOIS PAR JOUR
bon lait
11-29-73-46

La merenda del campione

Tortine paradiso

Ghiaccioli alle more

Succo di pera e limone

Cookies al cioccolato bianco, more e pistacchi

Crostatine di ricotta e visciole

Budino alla vaniglia

Whoopie pies alla carota

Smoothie al mango

Gaufres rapide

Biscotto-gelato

Tortine paradiso

preparazione **45 minuti**
cottura **30+10 minuti**

Una merenda piuttosto ricca ma anche fresca e delicata, un piccolo lusso da concedere a ospiti golosi, grandi o piccoli che siano. Se non si desidera farcire il dolce, cuocere semplicemente l'impasto in una teglia rotonda del diametro di 15 cm. Raddoppiando le dosi, invece, servirà uno stampo con un diametro di 24 cm e la cottura dovrà, di conseguenza, essere prolungata di 25-30 minuti, a seconda del forno.

per 15 tortine

150 g di burro morbido, 150 g di zucchero a velo
scorza grattugiata di 1 limone piccolo
1 cucchiaino di estratto di vaniglia (vedi p. 18)
50 g di tuorli (circa 3) a temperatura ambiente
50 g di uova (circa 1) a temperatura ambiente
75 g di farina "00" debole (per dolci), 75 g di fecola di patate
5 g di lievito per dolci (facoltativo)

per la crema al latte
250 g di latte fresco intero, 50 g di zucchero semolato
15 g di maizena, 30 g di miele chiaro
1 foglio di colla di pesce (2 g), 150 g di panna montata

Lavorare il burro con un cucchiaio di legno fino a renderlo molto morbido e cremoso. Aggiungere lo zucchero a velo e montare il tutto, sempre con il cucchiaio, fino a ottenere un composto chiaro e soffice (ci vorranno almeno 10 minuti). Unire la scorza di limone e l'estratto di vaniglia e amalgamare. Battere le uova e i tuorli con una forchetta, come per fare una frittata. Aggiungere le uova al burro montato, un cucchiaio alla volta, mescolando e montando a ogni aggiunta fino a completo assorbimento dell'uovo e conseguente rigonfiamento della massa. Incorporare infine delicatamente le farine setacciate, con movimenti dal basso verso l'alto. Versare l'impasto in uno stampo quadrato (20x20 cm) rivestito con carta forno e cuocere in forno statico preriscaldato a 175°C per circa mezz'ora, o fino a quando la torta risulterà asciutta all'interno. Lasciarla raffreddare su una griglia.

Per la crema, portare a bollore il latte con lo zucchero. Stemperare la maizena con poco latte caldo, in modo da ottenere una crema fluida, e riversare il tutto nel latte caldo, mescolando. Cuocere fino a quando il tutto risulterà leggermente addensato, continuando a mescolare. Allontanare dal fuoco e aggiungere il miele e la colla di pesce (precedentemente ammollata in acqua fredda per 5 minuti e sgocciolata); miscelare, far raffreddare il più rapidamente possibile e incorporare delicatamente la panna montata. Riporre in frigorifero per almeno 2 ore prima di utilizzare.

Riprendere la torta, rifilare eventualmente i bordi e pareggiare la superficie con l'aiuto di un coltello affilato. Dividerla in due, farcire lo strato inferiore con la crema e coprire con il secondo strato. Lasciare in frigo per almeno 3 ore e dividere in circa 15 piccoli tranci, avendo cura di pulire il coltello tra un taglio e l'altro. Conservare in frigo e spolverare con abbondante zucchero a velo prima di servire. Durata: 1 giorno.

Ghiaccioli alle more

preparazione **10 minuti**
cottura **5 minuti**

La purea di more può essere sostituita con la purea ottenuta da altra frutta di stagione, adattando la quantità di zucchero a seconda della dolcezza del frutto scelto. In ogni caso, per ottenere un buon risultato, la percentuale dello zucchero non dovrebbe mai essere inferiore al 20%.

La purea di frutta si ottiene semplicemente frullando e/o passando al setaccio la polpa della frutta fresca, in modo da ottenere una crema omogenea.

per 8-10 ghiaccioli

250 g di purea di more
25 g di succo di limone
125 g di acqua
100 g di zucchero semolato

Versare l'acqua e lo zucchero semolato in un pentolino, portare a bollore e ritirare dal fuoco.

Lasciar raffreddare completamente lo sciroppo ottenuto, unirlo alla purea di more insieme al succo di limone e mescolare bene in modo da amalgamare bene i diversi ingredienti.

Versare negli stampini da ghiacciolo e congelare in freezer per almeno 5 o 6 ore prima di consumare.

Al momento di servire, immergere per qualche secondo il contenitore in acqua calda, in modo da estrarre i ghiaccioli con più facilità.

Succo di pera e limone

preparazione **10 minuti**
cottura **5 minuti**

Questa ricetta può essere preparata anche con altra frutta di stagione come mele, pesche e albicocche, mantenendo inalterate le dosi.

Per una durata maggiore, si consiglia di pastorizzare il succo di frutta immergendo completamente le bottiglie ben chiuse in una pentola contenente acqua fredda (sistemare dei canovacci tra una bottiglia e l'altra, in modo da evitarne la rottura durante l'ebollizione); portare a bollore e lasciar bollire per circa 20 minuti. Le bottiglie possono essere tolte dall'acqua solo quando il tutto risulterà completamente freddo. In questo modo, il succo di frutta potrà essere conservato fino a 1 anno in un luogo possibilmente fresco e buio.

per circa 2,5 litri di succo di frutta

1 kg di pere mondate e prive di torsolo
200 g di zucchero semolato
1300 g di acqua
1 limone grosso non trattato

Irrorare le pere con il succo di limone, in modo da mantenerne il colore. In una casseruola capiente preparare uno sciroppo lasciando bollire l'acqua e lo zucchero per 5 minuti.

Aggiungere la frutta e passare tutto con un frullatore a immersione. Travasare il succo ancora bollente in bottiglie sterilizzate e completamente asciutte, tappare, capovolgere e lasciar raffreddare.

Conservare in frigorifero e agitare prima di servire. Durata: fino a 2 mesi. Una volta aperta la bottiglia, il succo va preferibilmente consumato nel giro di 2-3 giorni.

Cookies al cioccolato bianco, more e pistacchi

preparazione **20 minuti**
cottura **15 minuti**

Una versione sicuramente più particolare e ricercata dei chocolate chip cookies, i più celebri biscotti americani. Sostituendo il cioccolato bianco, le more e i pistacchi con altri ingredienti (principalmente frutta secca, disidratata e candita di ogni tipo, cioccolato e spezie) si possono creare infinite varianti di questa semplice ricetta.

per circa 35 biscotti

225 g di burro fuso
200 g di zucchero di canna
50 g di zucchero semolato
2 cucchiaini di estratto di vaniglia (vedi p. 18)
un pizzico abbondante di sale
60 g d'uovo (circa 1, grande)
20 g di tuorlo (circa 1)
25 g di latte fresco intero
350 g di farina "00" medio-forte (per pane)
5 g di lievito per dolci (1 cucchiaino)
100 g di cioccolato bianco
30 g di more disidratate
50 g di pistacchi non salati

Prima di iniziare, portare le uova e il latte a temperatura ambiente. Lavorare per qualche minuto il burro tiepido con lo zucchero semolato, lo zucchero di canna, l'estratto di vaniglia e il sale. Battere bene l'uovo con il tuorlo e aggiungerli in più riprese al composto, continuando ad amalgamare. Unire la farina precedentemente setacciata insieme al lievito e impastare fino a quando la massa risulterà quasi omogenea.

Aggiungere il cioccolato bianco, le more disidratate e i pistacchi e lavorare brevemente per distribuirli in modo omogeneo all'interno dell'impasto. Avvolgere con pellicola per alimenti e lasciar riposare in frigorifero per almeno 1 ora.

Dividere l'impasto in due parti uguali e formare due cilindri del diametro di 5 cm: avvolgerli con pellicola per alimenti e lasciar riposare in frigorifero per almeno 2 o 3 ore.

Affettare i due cilindri ricavando dei dischi dello spessore di 1,5 cm, sistemarli su un vassoio e congelare per almeno 1 ora. Disporre le rondelle congelate su una teglia rivestita con carta forno, avendo cura di lasciare almeno 4-5 cm tra l'una e l'altra, e cuocere in forno preriscaldato a 180°C per circa 15 minuti, o fino a quando i cookies avranno assunto la caratteristica colorazione. Lasciar raffreddare completamente su una griglia e conservare in scatole di latta. Durata: fino a 1 settimana.

Crostatine di ricotta e visciole

preparazione **30 minuti**
cottura **30 minuti**

Un dolce semplicissimo, appartenente alla tradizione ebraico-romana, che si adatta perfettamente anche a un dopocena.

Volendo preparare una crostata unica, raddoppiare le dosi e utilizzare uno stampo da 24 cm di diametro. In questo caso, sarà necessario prolungare il tempo di cottura fino a quando la pasta frolla avrà assunto la giusta colorazione.

per 8-10 crostatine

per la frolla
100 g di zucchero a velo
100 g di burro morbido
2 tuorli a temperatura ambiente
1 cucchiaino di estratto di vaniglia (vedi p. 18)
un pizzico di sale
200 g di farina "00" debole (per dolci)

per il ripieno
300 g di ricotta vaccina fresca
100 g di zucchero semolato
1 cucchiaino di estratto di vaniglia (vedi p. 18)
150 g di confettura di visciole o amarene
1 uovo battuto per la doratura

Preparare il ripieno lavorando con una frusta la ricotta con lo zucchero e l'estratto di vaniglia. Coprire e lasciare in frigorifero.

Per la frolla, lavorare bene il burro morbido con lo zucchero e il sale, fino a ottenere una crema soffice. Unire i tuorli, uno alla volta, e l'estratto di vaniglia, continuando ad amalgamare. Aggiungere tutta la farina e impastare il meno possibile, fino a quando la pasta risulterà compatta e omogenea. Avvolgerla con pellicola per alimenti e lasciar riposare in frigorifero per almeno 3 ore.

Imburrare leggermente gli stampini e stendere l'impasto a uno spessore di circa 3-4 mm. Con l'aiuto di due coppapasta ricavare circa 10 dischi del diametro di 6 cm e altrettanti del diametro di 9 cm.

Utilizzare i dischi più grandi per foderare gli stampini, avendo cura di far aderire bene sia il fondo che i bordi, e bucherellare il fondo con una forchetta. Distribuire 1 cucchiaino abbondante di confettura sul fondo di ogni tartelletta, riempire con la ricotta zuccherata superando leggermente i bordi e coprire con i dischi di frolla più piccoli, avendo cura di sigillare al meglio i bordi (nel caso in cui non aderiscano pennellarli con un velo di uovo battuto).

Pennellare con poco uovo battuto e praticare un piccolo foro sulla sommità di ogni crostatina. Cuocere in forno statico preriscaldato a 175°C per circa 25-30 minuti, o fino a quando non assumeranno un colore ambrato. Lasciar raffreddare completamente prima di servire. Durata: 1 giorno.

Budino alla vaniglia

preparazione **15 minuti**

Un dolce al cucchiaio molto semplice e rassicurante, dalla consistenza morbida e vellutata. Perfetto a merenda ma adatto anche come dessert a fine pasto.

Per la versione al cacao sarà sufficiente stemperare 1 cucchiaio abbondante di cacao amaro e 1 cucchiaio raso di zucchero a velo in poca crema inglese, in modo da evitare la formazione di grumi, e unirlo al resto della crema.

per 4-5 budini

300 g di crema inglese (vedi p. 26)
200 g di panna fresca
3 fogli di colla di pesce (6 g)

Preparare la crema inglese facendo riferimento alla ricetta illustrata a p. 26. Ammollare la colla di pesce in acqua fredda per 5 minuti, sgocciolarla molto bene e unirla alla crema inglese ancora calda.

Aggiungere la panna, avendo cura di mescolare velocemente il composto. Far raffreddare completamente, mescolare e versare negli appositi stampi per budino. Lasciar rapprendere in frigorifero per almeno 3 ore.

Al momento di servire, immergere qualche secondo lo stampo in acqua molto calda e sformare il budino lasciandolo cadere sul piatto da portata. Durata: 2 giorni.

Whoopie pies alla carota

preparazione **30 minuti**
cottura **14 minuti**

Le Whoopie Pies non sono altro che un modo - diverso e anche piuttosto simpatico - molto americano di presentare una torta classica, che sia al cioccolato, alla vaniglia o alle carote, come in questo caso.

per 9 tortine

125 g di farina "00" debole (per dolci)
3 g di lievito per dolci (1/2 cucchiaino abbondante)
5 g di bicarbonato di sodio (1 cucchiaino raso)
1 cucchiaino raso di cannella in polvere
1/2 cucchiaino di zenzero in polvere
un pizzico di sale, 60 g di burro morbido
80 g di zucchero di canna
1 uovo leggermente battuto, a temperatura ambiente
1 cucchiaino di estratto di vaniglia (vedi p. 18)
50 g di cocco grattugiato disidratato, 100 g di carote grattugiate

per la crema
200 g di formaggio cremoso a temperatura ambiente
100 g di burro morbido, 50-100 g di zucchero a velo
1/2 cucchiaino di estratto di vaniglia (vedi p. 18)

Setacciare la farina con il lievito, il bicarbonato, le spezie e il sale. Con le fruste, oppure in planetaria, montare il burro morbido con le due qualità di zucchero fino a ottenere un composto soffice e cremoso. Aggiungere l'estratto di vaniglia e l'uovo e amalgamare bene il tutto. Unire tutte le polveri precedentemente setacciate e mescolare bene il composto, infine inserire le carote grattugiate. Lasciar riposare l'impasto in frigorifero per 1 ora.

Con l'aiuto di un porzionatore per gelato o di una sac à poche formare circa 18 cupolette di impasto ben distanziate su una teglia rivestita di carta forno. Cuocere a 175°C per 12-14 minuti, a seconda del forno e delle dimensioni delle tortine, o fino a quando l'interno risulterà asciutto. Sistemare su una griglia e lasciar raffreddare completamente.

Per il ripieno lavorare il burro morbido con 50 g di zucchero a velo, aggiungere il formaggio cremoso precedentemente ammorbidito e l'estratto di vaniglia e amalgamare fino a ottenere una crema soffice e omogenea. Se la consistenza dovesse risultare troppo liquida – tenendo presente che il riposo in frigorifero renderà la crema molto più solida – aggiungere altro zucchero a velo.

Lasciare in frigorifero per almeno 2 ore e utilizzare per farcire le basi, unendole a due a due. Si consiglia di far riposare le tortine farcite in frigorifero per almeno 1 ora, prima di servire. Durata: 2 giorni.

Smoothie al mango

preparazione **5 minuti**

Lo smoothie è una bevanda molto rinfrescante e vitaminica che si ottiene principalmente frullando frutta e/o verdura fresca fino ad ottenere un frullato dalla consistenza spessa e piacevolmente vellutata. La ricetta lascia molto spazio alla fantasia, il mango può essere infatti sostituito con altra frutta di stagione non troppo acquosa come banane, pesche, albicocche, fragole, frutti di bosco, ecc. Volendo, si possono scegliere anche diversi tipi di frutta da combinare insieme, per esempio mango e pesca, banana e fragola oppure pesca e lampone. Nulla vieta di omettere il miele e lo yogurt o di sostituirli con altri ingredienti a vostra scelta.

per 2 smoothie

125 g di yogurt al naturale
200 g di mango maturo
1 cucchiaino scarso di miele
3-4 cubetti di ghiaccio

Eliminare la scorza del mango con l'aiuto di un pelapatate o di un coltello a lama fine; tagliare poi la polpa e rimuovere il nocciolo.

Pesare 200 g di polpa di mango e introdurla insieme allo yogurt, al miele e ai cubetti di ghiaccio all'interno del bicchiere di un frullatore. Frullare il tutto fino a ottenere un composto dalla consistenza vellutata e spumosa.

Versare lo smoothie ben freddo nei singoli bicchieri e decorare a piacere con fettine sottili di mango. Servire immediatamente.

Gaufres rapide

preparazione **15 minuti**
cottura **45 minuti**

Ecco una versione sicuramente meno tradizionale ma molto golosa delle classiche gaufres (chiamate anche waffels). A differenza dell'originale, questa ricetta non prevede alcuna lievitazione; il risultato sono delle gaufres particolarmente profumate e morbide.

per 20 gaufres medie

250 g di burro morbido
250 g di zucchero semolato
2 cucchiaini di estratto di vaniglia (vedi p. 18)
3 tuorli
500 g di farina "00" debole (per dolci)
15 g di lievito per dolci (circa 1 cucchiaio)
250 g di latte fresco intero
3 albumi
50 g di zucchero semolato per gli albumi
zucchero a velo
un pizzico di sale

Lavorare il burro morbido con lo zucchero fino a ottenere un composto leggero e cremoso. Unire l'estratto di vaniglia e i tuorli e amalgamare bene il tutto. Setacciare la farina con il lievito e aggiungerla in tre riprese, alternandola con il latte.

Montare a neve ferma gli albumi con lo zucchero e il sale e incorporare molto delicatamente all'impasto precedente con l'aiuto di una spatola.

Scaldare una piastra per gaufres e pennellarla con poco burro fuso. Versare circa 2 cucchiaiate abbondanti di impasto al centro di ogni piastra e lasciar cuocere fino a quando le gaufres saranno dorate.
La giusta quantità di impasto da versare sulla piastra dipende dalle dimensioni della piastra stessa, per cui sarà necessario fare qualche tentativo prima di trovare la dose ideale.

Spolverare le gaufres con abbondante zucchero a velo e servirle da sole o, a piacere, con frutta fresca e gelato o miele.

Biscotto-gelato

preparazione **40 minuti**
cottura **15+5 minuti**

Ideale per una merenda estiva, questo dolce può essere personalizzato variando il gusto del gelato e eliminando o sostituendo il cacao nell'impasto.
I biscotti possono essere tranquillamente preparati in anticipo e conservati in una scatola di latta, fino al momento dell'assemblaggio.

per 10-12 gelati

per il biscotto
100 g di burro morbido, 100 g di zucchero a velo
50 g di uovo a temperatura ambiente (circa 1, medio)
un pizzico di sale, 200 g di farina "00" debole (per dolci)
3 g di lievito per dolci (1/2 cucchiaino abbondante)
1 cucchiaino di cacao amaro

per il gelato
350 g di panna fresca, 150 g di latte fresco intero
150 g di zucchero semolato, 2 cucchiaini di estratto di vaniglia *(vedi p. 18)*

Per il biscotto, lavorare il burro morbido con lo zucchero a velo fino a ottenere un composto cremoso. Battere l'uovo con il sale e unirlo un po' per volta al burro, continuando ad amalgamare il tutto. Unire tutta la farina, precedentemente setacciata con il lievito e il cacao, e impastare quanto basta per ottenere una frolla omogenea. Avvolgere con pellicola per alimenti e lasciar riposare in frigorifero per 2-3 ore.

Spolverare il piano di lavoro con poca farina e stendere l'impasto a uno spessore di circa 3 mm; con un coppapasta (diametro 6-7 cm) ricavare dei dischi e sistemarli all'interno di una o più teglie rivestite con carta forno. Bucherellare i biscotti con l'aiuto di una forchetta o con l'apposito attrezzo e lasciarli raffreddare in frigorifero per almeno 1 ora.

Cuocere in forno statico, preriscaldato a 175°C, per 15 minuti.
Sfornare e lasciar raffreddare completamente su una griglia.
È possibile conservare questi biscotti per più giorni, ben chiusi in una scatola di latta.

Per il gelato, versare tutti gli ingredienti in una casseruola e cuocere fino a quando lo zucchero risulterà completamente sciolto. Trasferire in un contenitore di vetro, lasciar raffreddare completamente a temperatura ambiente e conservare in frigorifero per almeno 6 ore prima di introdurre nella gelatiera per la mantecatura.

Trasferire il gelato in un contenitore (20x25 cm) rivestito con carta forno e livellarlo con una spatola, in modo da formare uno strato dallo spessore omogeneo di circa 2 cm. Coprire con pellicola per alimenti e congelare per 4-5 ore. Sformare il gelato e, con l'aiuto di un coppapasta rotondo (diametro 6 cm), ricavare circa 12 cilindri di gelato. Posizionare ogni cilindro tra due biscotti, esercitando una leggera pressione, e congelare immediatamente per almeno 1 ora, prima di consumare.

It's five o'clock!

Sablés viennesi con ganache al limone e zenzero

Madeleines

Financiers ai fichi e cannella

Shortcake alle fragole

Calissons d'Aix

Red velvet cupcakes

Sbrisolone ai pistacchi e limone

Tortine di ciliegie glassate

Şekerpare

Diamanti alla vaniglia

Sablés viennesi con ganache al limone e zenzero

preparazione **40 minuti**
cottura **15 minuti**

Volendo personalizzare questi pasticcini, sostituire il limone e lo zenzero con altre spezie a piacere. Per la versione al cacao basterà aggiungere 25 g di cacao amaro (da setacciare insieme alla farina e alla maizena) e ridurre il peso della farina della stessa quantità.

per 25 pasticcini

175 g di burro morbido
75 g di zucchero a velo
la scorza grattugiata di 1 limone piccolo
50 g di uova (circa 1) a temperatura ambiente
200 g di farina "00" debole (per dolci)
50 g di maizena
un pizzico di sale

per la ganache montata
50 g di cioccolato bianco
100 g di panna fresca
1/2 cucchiaino raso di zenzero in polvere

In planetaria, o con le fruste elettriche, montare il burro con lo zucchero a velo e la scorza di limone fino a ottenere una crema soffice. Battere leggermente l'uovo con il sale e unirlo in due o più riprese al burro, continuando a lavorare il composto fino a renderlo omogeneo. Aggiungere la farina, precedentemente setacciata con la maizena, e lavorare fino a quando risulterà completamente assorbita.

Trasferire la frolla in una sac à poche dotata di beccuccio a stella e formare circa 50 biscotti del diametro di circa 3 cm, distanziandoli leggermente, su due teglie medie rivestite con carta forno.

Lasciar riposare per almeno 3 ore in frigorifero e cuocere in forno statico preriscaldato a 175°C per 15 minuti, o fino a lieve doratura. Lasciar raffreddare completamente e conservare in una scatola di latta fino al momento di farcire.

Per la ganache, fondere il cioccolato bianco a bagnomaria e portare a ebollizione 30 g di panna con lo zenzero. Versare la panna calda sul cioccolato bianco e mescolare con una spatola partendo dal centro, in modo da ottenere una crema lucida. Una volta intiepidita, aggiungere la panna rimanente e emulsionare. Coprire con pellicola per alimenti e lasciar riposare una notte in frigorifero.

Riprendere la ganache ben fredda e montarla con le fruste elettriche alla massima velocità, fino a ottenere una crema spumosa e leggera. Trasferire la ganache in una sac à poche e utilizzare per farcire i sablés, unendoli a due a due. Durata: fino a 2 giorni.

Madeleines

preparazione **15 minuti**
cottura **15 minuti**

Questi piccoli dolci a forma di conchiglia, originari di Commercy (Francia), sono sempre molto graditi, accompagnati da una tazza di buon tè.
La caratteristica "gobbetta" che presentano su un lato si ottiene solamente rispettando il lungo riposo in frigorifero.

per 20 madeleines

100 g di farina "00" debole (per dolci)
4 g di lievito per dolci (1 cucchiaino scarso)
un pizzico di sale
100 g di uova (circa 2) a temperatura ambiente
100 g di zucchero semolato
1 cucchiaino di estratto di vaniglia (vedi p. 18)
1 goccia di estratto di mandorla amara
20 g di latte fresco
100 g di burro fuso freddo

Setacciare la farina con il lievito e il sale. In un recipiente mescolare le uova con lo zucchero, l'estratto di vaniglia e l'olio essenziale, senza montare; aggiungere la farina e amalgamare bene. Unire il latte e, per ultimo, il burro fuso e lavorare quanto basta a ottenere un composto omogeneo. Coprire il recipiente con pellicola per alimenti e lasciar riposare in frigorifero per circa 8 ore.

Preriscaldare il forno a 190° C. Una volta che il forno avrà raggiunto la temperatura, distribuire l'impasto negli stampi imburrati, senza riempirli completamente, e cuocere per circa 15 minuti o fino a quando non avranno un colore ambrato.

Lasciar raffreddare completamente su una griglia e conservare in un contenitore a chiusura ermetica. Durata: circa 1-2 giorni.

Financiers ai fichi e cannella

preparazione **25 minuti**
cottura **15 minuti**

I financiers sono dei piccoli e deliziosi dolcetti francesi a base di farina di mandorle e burro "nocciola". Solitamente hanno una forma rettangolare, ma spesso si trovano anche rotondi o a barchetta.

per circa 10-12 financiers grandi

120 g di burro
100 g di albumi (circa 3)
100 g di zucchero semolato
50 g di farina "00" debole (per dolci)
50 g di farina di mandorle
1 cucchiaino raso di cannella in polvere
1 cucchiaino di estratto di vaniglia (vedi p. 18)
un pizzico di sale
2 o 3 fichi freschi tagliati a spicchi

Per chiarificare il burro, lasciarlo sciogliere in un pentolino e farlo bollire a fuoco dolce fino a quando la parte proteica non risulterà leggermente brunita e precipiterà sul fondo. Filtrare una o più volte, in modo da conservare solo la parte liquida, e lasciar raffreddare.

Lavorare l'albume con lo zucchero, senza montare; aggiungere le farine setacciate con la cannella, il sale, l'estratto di vaniglia e amalgamare bene. Unire infine il burro ed emulsionare con una spatola, lavorando l'impasto a partire dal centro. Coprire con pellicola per alimenti e lasciare 1 notte in frigorifero.

Imburrare 10 stampini per muffins e tenerli in frigorifero per almeno 10 minuti. Trasferire l'impasto in una sac à poche e distribuirlo all'interno degli stampini in modo da formare uno strato spesso 1 cm.

Decorare con i fichi, spolverare con poca cannella e cuocere in forno statico preriscaldato a 180°C per circa 15 minuti, o fino a quando i financiers avranno i bordi dorati. Lasciar raffreddare completamente. Durata: 2 giorni.

Shortcake alle fragole

preparazione **30 minuti**
cottura **5 minuti**

Un semplice pan di Spagna leggermente inzuppato, tagliato a strati e farcito con panna e fragole. Un classico che fa fare sempre una bella figura, nonostante richieda relativamente poco tempo per la preparazione (a patto di avere già la base!).

per una torta del diametro di circa 20 cm

un pan di Spagna (vedi p. 12)
500 g di panna fresca
1 cucchiaio raso di zucchero a velo
350 g di fragole fresche

per lo sciroppo
50 g di zucchero semolato
100 g di acqua
1 cucchiaino di estratto di vaniglia (vedi p. 18)

Preparare lo sciroppo portando a bollore l'acqua con lo zucchero, aggiungere l'estratto di vaniglia e lasciar raffreddare completamente.

Con un coltello affilato tagliare il pan di Spagna in tre strati uguali. Lavare e asciugare le fragole, eliminare la parte verde e affettarle, lasciandone alcune intere per la decorazione.

In planetaria, o con le fruste elettriche, montare la panna alla massima velocità, aggiungere lo zucchero a velo e montare fino a quando risulterà ben ferma.

Pennellare il primo strato di pan di Spagna con lo sciroppo, coprire con una quantità di panna sufficiente a formare uno strato alto circa 1 cm, distribuire circa la metà delle fragole affettate sulla panna e coprire con il secondo strato di pan di Spagna. Ripetere le stesse operazioni eseguite per il primo strato e coprire con l'ultimo disco; bagnare leggermente anche quest'ultimo con lo sciroppo.

Coprire la torta con la panna rimasta, lasciandone una parte per la decorazione, e livellarne i lati e la sommità con l'aiuto di una spatola per torte. Decorare a piacere con la panna rimasta e ultimare con le fragole intere. Conservare in frigorifero. Durata: 1 giorno.

Calissons d'Aix

preparazione **40 minuti**

I calissons sono una specialità provenzale prelibatissima a base di mandorle e frutta candita. Sono piuttosto semplici da preparare e non richiedono alcun tipo di cottura.

per circa 20 calissons

100 g di farina di mandorle
60 g di zucchero a velo
60 g di melone candito
20 g di cedro candito
20 g di arancia candita
5 g di acqua di fiori d'arancio (1 cucchiaino)
una goccia di estratto di mandorla amara
un foglio d'ostia sottile

per la glassa
30 g di albume (possibilmente pastorizzato)
175 g di zucchero a velo
succo di limone

Frullare la farina di mandorle con lo zucchero a velo, i canditi e gli aromi fino a ottenere una pasta perfettamente omogenea, dalla consistenza compatta, simile alla pasta frolla. Se dovesse risultare troppo appiccicosa, aggiungere poco zucchero a velo. Stendere a uno spessore di 6-7 mm e, con l'aiuto di uno stampino adatto (lunghezza 6 cm), ritagliare i calissons. Si consiglia di immergere lo stampino in acqua calda prima di ogni taglio, per facilitare il distacco dell'impasto. Lavorare nuovamente i ritagli e ripetere l'operazione.

Sistemare ogni dolce sulla sua ostia, precedentemente ritagliata seguendo la forma dello stesso stampino. Disporre su una griglia e lasciar asciugare all'aria per una notte.

Per la glassa, montare l'albume con lo zucchero a velo fino a ottenere un composto lucido e non troppo fermo. Se la glassa dovesse risultare troppo consistente, aggiungere poche gocce di succo di limone; se invece dovesse sembrare eccessivamente liquida, aggiungere altro zucchero a velo.

Immergere leggermente ogni calisson nella glassa, in modo da glassarne solamente la superficie superiore; lasciar cadere l'eccesso e pulire eventuali sbavature con una spatola.

Sistemare su una griglia e lasciar asciugare all'aria per almeno 5-6 ore. Conservare in una scatola di latta. Durata: 7-10 giorni.

Red velvet cupcakes

preparazione **30 minuti**
cottura **20 minuti**

Queste celebri tortine americane, che devono gran parte della loro fama all'altrettanto famosa serie TV "Sex and the city", non sono altro che la versione più pratica e trasportabile delle classiche torte a strati americane.
La "red velvet", in particolare, è una torta rossa al cacao molto soffice, dalla consistenza leggera e vellutata, farcita con crema al formaggio. Qui è proposta nella versione cupcake.

Il latticello presente nella ricetta può essere sostituito mescolando pari peso di latte fresco intero e yogurt al naturale.

per 12 cupcakes

100 g di burro morbido
125 g di zucchero a velo
1 cucchiaino di estratto di vaniglia (vedi p. 18)
50 g di uova (circa 1) a temperatura ambiente
un pizzico di sale
150 g di farina "00" debole (per dolci)
10 g di cacao amaro in polvere
1/2 cucchiaino di bicarbonato
125 g di latticello
1 cucchiaino di succo di limone
colorante rosso in gel oppure in polvere (facoltativo)

per la crema
150 g di zucchero a velo
100 g di burro morbido
300 g di formaggio cremoso a temperatura ambiente
1 cucchiaino di estratto di vaniglia (vedi p. 18)

Montare il burro con lo zucchero a velo fino a renderlo spumoso. Unire l'uovo, precedentemente battuto insieme all'estratto di vaniglia e il sale, e amalgamare bene. Setacciare assieme la farina con il cacao e il bicarbonato e incorporarla a più riprese, alternandola con il latticello e continuando a lavorare il tutto fino a ottenere un impasto omogeneo. Aggiungere infine il succo di limone e la quantità di colorante necessaria a rendere rosso l'impasto.

Sistemare 12 pirottini in uno stampo per muffins e distribuirvi l'impasto in modo da riempirli per circa 3/4. Cuocere in forno statico preriscaldato a 175°C per circa 20 minuti, o fino a quando l'interno delle tortine non sarà asciutto. Sfornare e lasciar raffreddare completamente su una griglia.

Per la crema, lavorare il burro con lo zucchero fino a ottenere un composto soffice, unire il formaggio cremoso e l'estratto di vaniglia e lavorare fino a quando la crema risulterà omogenea. Coprire con pellicola per alimenti e lasciare in frigo per almeno 3 ore.

Versare 1 cucchiaio di crema su ogni tortina e distribuirla aiutandosi con una spatola. Lasciare in frigorifero per almeno 2 ore, prima di servire. Durata: 1 giorno.

Sbrisolone ai pistacchi e limone

preparazione **15 minuti**
cottura **25 minuti**

La sbrisolona è un dolce di origine mantovana, preparato principalmente con farina di mais, mandorle, burro, zucchero e uova. In questo caso, le mandorle sono state semplicemente sostituite con i pistacchi ed è stato aggiunto del limoncello per profumare il dolce.

Per realizzare la versione tradizionale, sostituire i pistacchi con lo stesso peso di mandorle e il limoncello con un altro liquore a piacere o con estratto di vaniglia (vedi p. 18).

per 8 sbrisolone piccole

100 g di farina "fumetto" di mais
100 g di farina "00" debole (per dolci)
100 g di pistacchi non salati
100 g di zucchero semolato
100 g di burro morbido
1 tuorlo a temperatura ambiente
1 cucchiaio di limoncello
la scorza grattugiata di 1 limone piccolo
un pizzico di sale
pistacchi interi per decorare
zucchero a velo per la finitura

Tritare brevemente i pistacchi in modo da ottenere una farina non troppo fine. Riunire in un recipiente le farine setacciate, i pistacchi tritati, lo zucchero, il sale e la scorza di limone e mescolare bene. Aggiungere il burro, il tuorlo e il limoncello e lavorare il tutto in modo da ottenere delle briciole di impasto.

Distribuire le briciole negli stampi (diametro 7 cm) precedentemente imburrati, livellando la superficie senza pressare, e decorare ogni dolce con alcuni pistacchi interi.

Cuocere in forno statico preriscaldato a 180°C per 20-25 minuti, o fino a quando le sbrisolone avranno un colore dorato. Lasciar raffreddare completamente e conservare in una scatola di latta. Spolverare con zucchero a velo a piacere prima di servire. Durata: fino a 5 giorni.

Tortine di ciliegie glassate

preparazione **40 minuti**
cottura **20 minuti**

Queste tortine possono essere preparate con qualsiasi tipo di frutta: basterà sostituire la confettura di ciliegie con un'altra, per esempio di lamponi o di fragole, e decorare con frutta fresca di stagione.

per 6 monoporzioni

150 g di farina "00" debole (per dolci)
5 g di lievito per dolci (circa 1 cucchiaino)
150 g di burro morbido
150 g di zucchero semolato
1 cucchiaino di estratto di vaniglia (vedi p. 18)
150 g di uova (circa 3) a temperatura ambiente
confettura di ciliegie per farcire

per la glassa
100 g di zucchero a velo
2 cucchiaini d'acqua calda
6 ciliegie fresche per la finitura

Setacciare la farina con il lievito e mettere da parte. Montare il burro morbido con lo zucchero e l'estratto di vaniglia, fino a quando il composto risulterà chiaro e spumoso. Battere le uova con una forchetta e unirle al burro in tre riprese, continuando a mescolare. È importante che ogni uovo venga ben assorbito, prima di aggiungerne un altro. A questo punto incorporare delicatamente con una spatola metà della farina, facendo attenzione a non smontare il composto. Ripetere l'operazione con la farina rimanente.

Versare l'impasto in una teglia rettangolare (30x25 cm) rivestita con carta forno e cuocere in forno statico preriscaldato a 175° C per circa 15-20 minuti o fino a quando la superficie sarà dorata.

Lasciar raffreddare completamente e, con l'aiuto di un tagliapasta rotondo (diametro 6 cm), ricavare 18 dischi di torta. Spalmare 12 dischi con la confettura di ciliegie e sovrapporli a due a due; utilizzare i dischi senza confettura per coprire le sei tortine.

Preparare la glassa mescolando lo zucchero a velo con l'acqua calda. Se la glassa dovesse risultare troppo consistente, aggiungere poche gocce d'acqua alla volta, fino a ottenere la giusta consistenza. Versare poca glassa su ogni dolce, distribuirla leggermente con una spatola lasciando che coli da sola. Decorare ogni monoporzione con una ciliegia. Durata: 1 giorno.

Şekerpare

preparazione **30 minuti**
cottura **15+4 minuti**

I şekerpare, di origine turca, sono piccoli dolci di semolino che vengono bagnati in un semplice sciroppo al limone. Per una pausa pomeridiana in pieno stile turco, servire questi pasticcini con del tè alla mela caldo o freddo.

per circa 30 dolcetti

200 g di burro morbido
125 g di zucchero a velo
50 g di uova (circa 1) a temperatura ambiente
60 g di semolino
250 g di farina "00" debole (per dolci)
5 g di lievito per dolci (circa 1 cucchiaino)
un pizzico di sale
pistacchi sgusciati per decorare

per lo sciroppo
400 g di acqua
200 g di zucchero semolato
2 cucchiai di succo di limone

Lavorare il burro con lo zucchero fino a ottenere un composto cremoso, unire l'uovo e amalgamare bene il tutto. Aggiungere la farina setacciata con il lievito, il semolino e il sale e impastare velocemente senza scaldare l'impasto, che risulterà piuttosto morbido. Avvolgere con pellicola per alimenti e lasciar riposare in frigorifero per almeno 2 ore.

Riprendere l'impasto e ricavarne circa 30 palline; in questa fase bisogna essere piuttosto veloci per evitare di scaldare eccessivamente il burro contenuto nell'impasto. Decorare ciascun dolcetto con 1 pistacchio, disporre su una teglia rivestita con carta forno e lasciare in frigorifero per almeno 3 ore.

Cuocere i dolcetti in forno statico preriscaldato a 180°C per circa 15 minuti, o fino a quando avranno un colore dorato. Sfornare e lasciar intiepidire.

Per lo sciroppo, portare a bollore l'acqua con lo zucchero e il succo di limone, lasciar bollire per circa 3-4 minuti. Immergere i biscotti tiepidi nello sciroppo caldo e lasciarveli per qualche minuto, o fino a quando risulteranno imbevuti ma non eccessivamente morbidi.

Prelevare i dolci dallo sciroppo, con molta delicatezza, e disporli su un vassoio. Coprirli e lasciarli raffreddare qualche ora in frigorifero prima di servirli. Durata: fino a 3 giorni.

Diamanti alla vaniglia

preparazione **20 minuti**
cottura **20 minuti**

Dei semplicissimi e tradizionali sablé, dal profumo inconfondibile di burro e vaniglia, resi speciali da una spolverata di zucchero a grana grossa.
Per preparare dei diamanti al cacao, sostituire 20 g di farina con la stessa quantità di cacao amaro.

per circa 40 sablés

200 g di burro morbido
100 g di zucchero semolato
1 baccello di vaniglia
300 g di farina "00" debole (per dolci)
un pizzico di sale

per la finitura
zucchero a grana grossa

Lavorare il burro morbido con lo zucchero e i semi di vaniglia fino a ottenere un composto cremoso. Aggiungere tutta la farina e il sale e impastare velocemente, fino a quando la frolla non risulterà omogenea. Avvolgere con pellicola per alimenti e lasciar riposare per circa 1 ora in frigorifero.

Riprendere l'impasto, dividerlo in due parti uguali e formare con ognuna un cilindro del diametro di 3 cm. Passare i cilindri nello zucchero a grana grossa in modo da rivestirli completamente, avvolgerli con pellicola e farli raffreddare per almeno 2 ore in frigorifero.

Con un coltello affilato tagliare i cilindri a fette spesse 1 cm, disporle leggermente distanziate su una teglia rivestita con carta forno e tenere in frigorifero fino al momento di infornare (l'impasto va infornato ben freddo, per evitare che si sciolga).

Cuocere in forno statico preriscaldato a 175°C per circa 15 minuti, o fino a quando non saranno appena dorati. Lasciar raffreddare completamente su una griglia e conservare in una scatola di latta. Durata: 1 settimana.

Metti una sera a cena

Choux "craquelin" alla vaniglia

Mini pastiere napoletane

Crostatine ai frutti rossi

Esse di Raveo

Cremoso al cioccolato bianco e passion fruit

Pastéis de nata

Apple pie

Pavlova ai pistacchi e lamponi

Crumble di pesche bianche e ribes

Crostatine con ganache al cioccolato bianco e matcha

Choux "craquelin" alla vaniglia

preparazione **35 minuti**
cottura **30 minuti**

Ecco un modo insolito e originale, oltre che delizioso, di presentare i classici choux. L'effetto "craquelin", ottenuto sovrapponendo alla pasta choux un dischetto di semplice pasta sablé, conferisce allo chou una consistenza croccante davvero piacevole e un sapore unico.

per circa 25 choux

mezza dose di pasta choux (vedi p. 16)

per la pasta craquelin
50 g di burro morbido
50 g di zucchero semolato
1/2 baccello di vaniglia
50 g di farina "00" debole (per dolci)
un pizzico di sale

per il ripieno
750 g di crema pasticcera (vedi p. 20)
250 g di panna fresca
1 cucchiaino raso di zucchero a velo

Per la pasta craquelin, lavorare il burro morbido con lo zucchero e i semi prelevati dal baccello di vaniglia, fino a ottenere un composto cremoso. Unire la farina e il sale e amalgamare velocemente il tutto. Avvolgere l'impasto con pellicola per alimenti e lasciar riposare in frigorifero per almeno 2-3 ore. Riprendere l'impasto, sistemarlo tra due fogli di carta forno e stenderlo molto sottilmente (lo spessore non dovrebbe superare i 2 mm) con l'aiuto di un mattarello. Lasciar rapprendere in frigorifero per almeno 1 ora oppure in freezer per mezz'ora.

Formare circa 25 choux sulle teglie (per il procedimento vedi p. 16): con un coppapasta ricavare 25 dischetti di pasta sablé (il diametro dovrà essere leggermente più grande di quello degli choux) e posizionare ognuno sulla sommità di uno chou.

Cuocere in forno preriscaldato a 180°C per circa 30 minuti, o fino a quando risulteranno dorati. Spegnere il forno e lasciarli asciugare altri 10 minuti. Sfornare e lasciar raffreddare completamente su una griglia.

Montare la panna (che dovrà essere freddissima) alla massima velocità, aggiungere lo zucchero a velo e continuare a montare fino a ottenere la giusta consistenza. Trasferire la panna in una sac à poche munita di bocchetta a stella. Aprire gli choux tagliandone la sommità, riempirli con crema pasticcera ben fredda e decorare con la panna montata. Coprire e spolverare con zucchero a velo prima di servire. Durata: 1 giorno.

Mini pastiere napoletane

preparazione **30 minuti**
cottura **35+15 minuti**

Non potevano mancare, viste le mie origini. Queste mini pastiere non sono altro che la versione monoporzione della classica pastiera napoletana. Nella ricetta sono presenti le indicazioni per realizzare una pastiera unica, di dimensioni normali.

per 25 pastiere individuali o per una pastiera grande

250 g di burro morbido, 125 g di zucchero a velo
1 baccello di vaniglia, 500 g di farina "00" debole (per dolci)
100 g di uova (circa 2) a temperatura ambiente
un pizzico di sale

per il ripieno
600 g di grano cotto, 250 g di latte fresco intero
50 g di zucchero semolato, la scorza grattugiata di 1/2 limone
1 cucchiaino di cannella in polvere
acqua di fiori d'arancio a piacere, un pizzico di sale
600 g di ricotta freschissima, 4 uova grandi a temperatura ambiente
350 g di zucchero semolato, 100 g di scorza d'arancia candita

Per la frolla, lavorare il burro con lo zucchero a velo e i semi prelevati dal baccello di vaniglia, fino a ottenere un composto cremoso. Aggiungere le uova – precedentemente battute con il sale – e amalgamare bene. Unire la farina e impastare brevemente, fino a quando la massa risulterà omogena e compatta. Avvolgere con pellicola per alimenti e lasciar riposare per 2-3 ore in frigorifero.

Nel frattempo preparare il ripieno. In una casseruola unire il grano, il latte, 50 g di zucchero, la scorza di limone, la cannella, l'acqua di fiori d'arancio e un pizzico di sale. Portare a bollore, abbassare la fiamma e lasciar bollire per 10 minuti, avendo cura di mescolare costantemente il composto. Togliere dal fuoco e lasciar raffreddare completamente. Battere le uova con lo zucchero, aggiungervi la ricotta setacciata e mescolare il tutto in modo da ottenere una crema vellutata; unirvi il composto di grano raffreddato e i canditi e amalgamare bene.

Stendere la pasta frolla fino a ridurla a uno spessore di circa 4 mm e foderarvi gli stampini (5-6 cm di diametro). Bucherellare il fondo con una forchetta e versarvi il ripieno fino a riempirli quasi del tutto. Con la pasta frolla avanzata formare delle striscioline e utilizzarle per decorare le pastiere, creando il classico motivo a griglia.

Cuocere in forno statico preriscaldato a 160-170°C per 30-35 minuti (per una pastiera grande da circa 28 cm ci vorranno quasi 2 ore) o fino a quando la frolla risulterà ben cotta e il ripieno avrà assunto un colore dorato intenso. Lasciar raffreddare completamente e sformare. Attendere 1-2 giorni prima di consumare. Durata: fino a 3-4 giorni.

Crostatine ai frutti rossi

preparazione **25 minuti**
cottura **30 minuti**

Queste piccole tartellette, piuttosto comuni nelle pasticcerie parigine, sono costituite da una base di pasta sucré con ripieno di crema frangipane, a base di mandorle, e ricoperte con poca crema pasticcera e tanti frutti rossi freschissimi.

per 12 crostatine

una dose di pasta sucrée fredda (vedi p. 14)

per la crema frangipane
120 g di burro morbido
120 g di zucchero a velo
120 g di uova intere (circa 2, grandi)
120 g di farina di mandorle
2 cucchiaini di estratto di vaniglia (vedi p. 18)
un pizzico di sale

per la finitura
frutti rossi freschi a piacere
crema pasticcera (facoltativo, vedi p. 20)

Stendere la pasta sucrée a uno spessore di circa 4 mm; con un coppapasta ricavare dei dischi il cui diametro sia di almeno 2 o 3 cm più grande di quello dei cerchi o stampi da crostata utilizzati (7,5 cm circa).

Foderare ogni stampino con un disco di frolla, avendo cura di farla aderire perfettamente ai bordi e al fondo. Rifilare i bordi con un coltellino, bucherellare il fondo con l'aiuto di una forchetta e lasciar riposare in frigorifero per almeno 1 ora.

Per il ripieno, lavorare bene il burro morbido con lo zucchero a velo, unire la farina di mandorle, le uova, l'estratto e il sale e amalgamare bene il composto senza incorporare troppa aria.

Riempire i gusci di frolla ben freddi con la crema di mandorle e cuocere in forno statico preriscaldato a 175°C per 25-30 minuti. Lasciar raffreddare completamente.

Al momento di servire guarnire il centro di ogni crostatina, a piacere, con poca crema pasticcera (facoltativo) e decorare con frutti rossi. Durata: 1 giorno.

Esse di Raveo

preparazione **20 minuti**
cottura **15 minuti**

Nate nel 1923 in un piccolo panificio del comune carnico di Raveo, le Esse sono biscotti molto semplici dal sapore inconfondibile, preparate a partire da pochi ingredienti. La ricetta, originariamente tratta da "Mangiare e bere friulano" di Giuseppina Perusini Antonini, è stata riadattata e leggermente modificata al fine di migliorare la consistenza del prodotto finale.

per 25 biscotti

1 uovo a temperatura ambiente
100 g di burro morbido
100 g di zucchero semolato
200 g di farina "00" debole (per dolci)
1/4 di cucchiaino di bicarbonato d'ammonio
1/2 baccello di vaniglia
un pizzico di sale

Montare il burro morbido con lo zucchero, i semi prelevati dalla vaniglia, il sale e il bicarbonato d'ammonio, fino a ottenere un composto soffice e cremoso. Incorporarvi un po' per volta l'uovo, precedentemente battuto con una forchetta, e continuare a lavorare fino a amalgamare bene il tutto. Unire tutta la farina e impastare piuttosto velocemente fino a quando sarà assorbita, in modo da non scaldare eccessivamente l'impasto. Non appena sarà omogeneo e compatto, appiattirlo leggermente, avvolgerlo con pellicola e lasciar riposare in frigorifero per almeno 2 ore, in modo da permettere al glutine di distendersi e al burro di solidificare.

Terminato il tempo di riposo, riprendere l'impasto, dividerlo in circa 25 pezzi e lavorare ciascun pezzetto in modo da ottenere un cilindro, a cui va successivamente data la tipica forma a "esse". Sistemare i biscotti ben distanziati all'interno di una teglia rivestita con carta forno e appiattire leggermente con il palmo della mano.

Cuocere in forno statico preriscaldato a 170°C per circa 15 minuti, o fino a quando i biscotti avranno assunto un colore ben dorato. Sfornare, trasferire su una griglia e lasciar raffreddare completamente. Conservare in una scatola di latta. Durata: fino a 1 settimana.

Cremoso al cioccolato bianco e passion fruit

preparazione **20 minuti**
cottura **5+5 minuti**

Un dessert molto semplice e veloce da preparare ma non per questo meno gradevole di altri. Anche in questo caso, la gelatina può essere preparata sostituendo il frutto della passione con la purea (polpa frullata) di qualsiasi altro frutto di stagione.

per 10 mini-porzioni

100 g di latte fresco intero
200 g di panna fresca
175 g di cioccolato bianco
1 foglio di colla di pesce (2 g)

per la gelatina
100 g di polpa di frutto della passione
20 g di zucchero semolato
1/2 foglio di colla di pesce (1 g)

Portare a bollore il latte intero con la panna, sciogliervi la colla di pesce precedentemente reidratata in acqua fredda (per circa 5 minuti) e sgocciolata. Sciogliere il cioccolato bianco a bagnomaria e versarvi il latte a filo, lavorando bene il tutto con una spatola, fino a ottenere una massa lucida e omogenea.

Versare subito nei bicchieri e lasciar raffreddare completamente. Coprire con pellicola per alimenti e lasciar rapprendere in frigorifero per almeno 2 ore.

Per la gelatina, scaldare a bagnomaria il frutto della passione con lo zucchero, fino a quando quest'ultimo risulterà completamente dissolto. Unirvi la colla di pesce ammollata e sgocciolata e mescolare.

Colare nei bicchieri, in modo da formare uno strato sottile, e lasciar rapprendere per almeno 2 ore in frigorifero. Durata: 1 giorno.

Pastéis de nata

preparazione **40 minuti**
cottura **20+20 minuti**

Noti anche come pastéis de Belém, dal nome del distretto di Lisbona in cui si trova l'antica pasticceria che ne custodisce la preziosa ricetta dal 1837, questi pasticcini sono costituiti da un croccante guscio di sfoglia e da un vellutato ripieno di crema, che viene lasciato rapprendere in forno a temperature elevate, in modo da ottenere la caratteristica brunitura della superficie.

per 12 tortine

300 g di pasta sfoglia *(vedi p. 22)*

per il ripieno
150 g di zucchero semolato
150 g di acqua
1 stecca di cannella piccola
la scorza di 1/2 limone (solo la parte gialla)
100 g di tuorli (circa 6)
350 g di latte fresco intero
30 g di maizena

Versare in un pentolino lo zucchero e l'acqua, portare a bollore e lasciar bollire per circa 5-6 minuti. Unire la scorza di limone e la cannella allo sciroppo e lasciare in infusione per almeno mezz'ora. Lavorare brevemente i tuorli con la frusta e unirvi la farina, precedentemente stemperata con 50 g di latte, lo sciroppo filtrato e il latte rimasto. Cuocere il tutto a bagnomaria, senza smettere di mescolare, fino a quando la crema sarà addensata (dovrà risultare più fluida di una classica crema pasticcera). Lasciar raffreddare in un bagno di ghiaccio, coprire a contatto con pellicola per alimenti e conservare in frigorifero.

Imburrare bene 12 stampini per tartellette (in alternativa, andranno bene anche degli stampi per muffins) e lasciare in frigorifero. Stendere il panetto di pasta sfoglia a uno spessore di circa 1/2 cm, cercando di formare un rettangolo non più largo di 12 cm e lungo circa il triplo. Arrotolare il rettangolo di pasta partendo dal lato corto, in modo da ottenere un cilindro lungo circa 12 cm e del diametro di 4-5 cm. Con un coltello affilato tagliare il cilindro a fette spesse circa 1 cm e sistemarle all'interno degli stampi. Stendere facendo pressione con le dita, partendo dal centro, fino a rivestire completamente i bordi di ogni stampo. Lasciar riposare in frigorifero per almeno mezz'ora.

Riempire le tartellette di sfoglia con la crema (lasciare 3-4 mm tra la crema e il bordo) e cuocere in forno statico preriscaldato a 250°C per 20 minuti, o fino a quando la pasta sfoglia sarà ambrata e la superficie della crema avrà il caratteristico aspetto brunito. Sfornare e lasciar intiepidire su una griglia, prima di rimuovere dagli stampi.

Servire le tortine tiepide o fredde, spolverate a piacere con zucchero a velo e cannella. Durata: 1 giorno.

Apple pie

preparazione **20 minuti**
cottura **30 minuti**

Un dolce con cui non si sbaglia mai, semplice e rassicurante, soprattutto nelle umide giornate autunnali. L'impasto esterno, friabile e leggermente salato, racchiude un ripieno morbido, dolce e profumato.

per una torta da 20-22 cm di diametro

250 g di farina "00" debole (per dolci)
125 g di burro freddo tagliato a cubetti
75 g di acqua fredda
un pizzico abbondante di sale

per il ripieno
600 g di mele Granny Smith
il succo di 1/2 limone
50 g di zucchero semolato
10 g di maizena
1/2 cucchiaino di cannella in polvere

per la finitura
poco burro fuso, zucchero semolato, cannella in polvere a piacere

Intridere la farina con il burro freddo, aiutandosi con i polpastrelli, in modo da ottenere un composto sabbioso (questo passaggio può essere eseguito in un mixer dotato di lame). Aggiungere l'acqua fredda e il sale e lavorare velocemente il tutto, fino a quando l'impasto risulta omogeneo. Avvolgere con pellicola per alimenti e lasciar riposare in frigorifero per 1 ora.

Nel frattempo preparare il ripieno. Sbucciare le mele, privarle del torsolo e affettarle. Versare le mele in un recipiente e irrorarle con il succo di limone; aggiungere lo zucchero, la maizena e la cannella e mescolare molto bene.

Imburrare bene uno stampo del diametro di 20-22 cm. Riprendere l'impasto freddo, dividerlo in due parti – una dovrà essere leggermente più grande dell'altra – e stenderle sottilmente con il mattarello. Rivestire il fondo dello stampo con il disco più grande, lasciando che i bordi ricadano all'esterno. Distribuirvi il ripieno, coprire con il disco più piccolo e ripiegare la pasta in eccesso verso l'interno, in modo da creare un bordo piuttosto spesso e da sigillare il dolce. Praticare più fori sulla superficie del dolce per consentire al vapore di fuoriuscire, pennellare con burro fuso e spolverare con zucchero semolato e cannella a piacere.

Cuocere in forno statico preriscaldato a 190°C per circa mezz'ora, o fino a quando la superficie risulterà dorata. Sfornare e lasciar raffreddare. Servire la torta tiepida o fredda. Durata: 1 giorno.

Pavlova ai pistacchi e lamponi

preparazione **20 minuti**
cottura **90 minuti**

Un elegantissimo dolce per i giorni di festa, nato in Australia in onore della celebre ballerina russa Anna Pavlova, costituito semplicemente da una base di meringa dal soffice interno, panna montata non zuccherata e frutta fresca, per contrastare la dolcezza della meringa. Naturalmente i lamponi possono essere sostituiti da altra frutta tendenzialmente acidula come fragole, frutto della passione, frutti di bosco in genere.

per 9 Pavlova individuali

100 g di albumi a temperatura ambiente
100 g di zucchero semolato
5 g di succo di limone (1 cucchiaino)
15 g di maizena
30 g di farina di pistacchi

per la finitura
250 g di panna montata non zuccherata
lamponi freschi a piacere
granella di pistacchi

Montare gli albumi a velocità media; quando saranno spumosi aggiungere lo zucchero, un cucchiaio alla volta, in modo da dare struttura alla meringa. Continuare a montare aumentando gradualmente la velocità, fino a ottenere una meringa setosa e ben ferma (non si dovranno più avvertire i granelli di zucchero al suo interno). Aggiungere infine il succo di limone e la maizena setacciata, continuando a montare il tutto brevemente. Incorporare la farina di pistacchi.

Rivestire una o più teglie con carta forno e formare con la meringa 9 piccole Pavlova, modellandole con una spatola. Creare una leggera cavità sulla parte superiore di ognuna: servirà a contenere meglio la panna e la frutta.

Spolverare con poca granella di pistacchi e cuocere in forno statico preriscaldato a 120°C per 1 ora e mezza. Lasciar asciugare per una notte nel forno spento socchiuso. La Pavlova dovrà risultare morbida all'interno e croccante come una tradizionale meringa francese all'esterno. Le basi di meringa, una volta cotte, possono essere conservate per 2 giorni, ben chiuse in una scatola di latta.

Al momento di servire coprire la meringa con abbondante panna montata, decorare con lamponi freschi e granella di pistacchi.

Crumble di pesche bianche e ribes

preparazione **15 minuti**
cottura **25 minuti**

Un dessert molto comune nei paesi anglosassoni, si prepara in un attimo e si adatta perfettamente a qualsiasi stagione. Può essere infatti realizzato con qualunque frutto o combinando diverse tipologie di frutta. Nell'impasto di base per il crumble la farina di mandorle può essere sostituita da quella di pistacchi o altra frutta secca.

per 3-4 crumble

50 g di farina di mandorle
50 g di farina "00" debole (per dolci)
50 g di zucchero semolato
1 cucchiaio di fiocchi d'avena
un pizzico di sale
50 g di burro freddo tagliato a cubetti

per la frutta
4 pesche a pasta bianca
100 g di ribes
1 cucchiaino di maizena
30 g di zucchero semolato
i semi di 1/2 baccello di vaniglia

per la finitura
zucchero a velo
ribes freschi a piacere

Per il crumble, mescolare insieme tutti gli ingredienti asciutti e unire il burro. Lavorare velocemente con la punta delle dita, fino a ottenere un impasto formato da briciole. Coprire e lasciare in frigorifero per il tempo necessario a preparare la frutta.

Riunire in un recipiente le pesche affettate, i ribes, la maizena, lo zucchero e la vaniglia, mescolare bene e distribuire in uno o più recipienti adatti alla cottura in forno.

Distribuire il crumble sulla frutta e cuocere in forno preriscaldato a 180°C per circa 25 minuti, o fino a quando la superficie del dolce risulterà dorata. Lasciar intiepidire e spolverare a piacere con zucchero a velo. Servire ancora tiepido con frutta fresca o gelato alla vaniglia.

Crostatine con ganache al cioccolato bianco e matcha

preparazione **15 minuti**
cottura **5 minuti**

Un classico della pasticceria francese rivisitato in chiave giapponese mediante l'utilizzo del tè verde matcha che può essere eliminato o sostituito a piacere con polvere di liquirizia, spezie, caffè istantaneo in polvere.

Per la variante classica al cioccolato fondente, eliminare il matcha, aggiungere 15 g di glucosio alla panna bollente e sostituire il cioccolato bianco con 120 g di cioccolato al 70%.

per 12 tartellette

12 gusci di pasta sucrée già cotti (vedi p. 14)

per la ganache
170 g di cioccolato bianco
90 g di panna fresca
40 g di burro morbido
5 g di tè verde matcha

Sciogliere il cioccolato bianco a bagnomaria. Portare a bollore la panna e versarla a più riprese sul cioccolato fuso, mescolando molto bene con una spatola con movimenti circolari dall'interno verso l'esterno. Lasciar raffreddare leggermente la ganache e unire il burro a pezzi, amalgamando bene in modo da farlo sciogliere completamente.

Stemperare il matcha in pochissimo latte caldo, in modo da ottenere una pasta: unirla alla ganache avendo cura di amalgamare molto bene fino a quando il composto risulterà omogeneo.

Colare subito la ganache nei gusci e lasciar rapprendere in frigorifero. Lasciare per almeno 1 ora a temperatura ambiente prima di servire. Durata: 2-3 giorni.

Attimi di goloso piacere

Mousse ai tre cioccolati

Blondies

Macarons al cioccolato fondente

Tortini fondenti al cioccolato e lamponi

Banoffee pies

Fudge al burro d'arachidi e fior di sale

Cremini vintage

Tartufi di cioccolato alla cannella

Preparato per cioccolata calda

Caramelle morbide al cioccolato

Mousse ai tre cioccolati

preparazione **30 minuti**
cottura **10 minuti**

Tre mousse in una: si va dal gusto deciso e leggermente amaro del cioccolato fondente alla dolcezza estrema del cioccolato bianco, passando attraverso il sapore equilibrato del cioccolato al latte.
Queste tre preparazioni possono essere utilizzate singolarmente. Per un'idea veloce, preparare una sola mousse (triplicando le dosi) e servire semplicemente con frutta fresca come lamponi, mirtilli, ecc.

per 10-15 bicchierini

per la mousse al cioccolato fondente
75 g di cioccolato fondente al 70%
75 g di latte fresco intero
1/2 foglio di colla di pesce (1 g)
125 g di panna fresca

per la mousse al cioccolato al latte
100 g di cioccolato al latte al 30-40%
75 g di latte fresco intero
1 foglio di colla di pesce (2 g)
100 g di panna fresca

per la mousse al cioccolato bianco
100 g di cioccolato bianco
75 g di latte fresco intero
1 foglio di colla di pesce (2 g)
100 g di panna fresca

Tritare grossolanamente il cioccolato fondente e versarlo in un recipiente di vetro. Reidratare la colla di pesce per 5 minuti in acqua fredda. Portare a bollore il latte e scioglier vi la colla di pesce ben sgocciolata. Versare il latte sul cioccolato tritato e lasciar riposare un paio di minuti.

Emulsionare con una spatola, compiendo movimenti circolari dal centro verso l'esterno, fino a ottenere una massa perfettamente omogenea e lucida. Lasciar intiepidire (30-35° C) e incorporare delicatamente la panna semi-montata, in due riprese, con movimenti dal basso verso l'alto.

Versare nei bicchieri e lasciar rapprendere completamente in frigorifero. Ripetere lo stesso procedimento con il cioccolato al latte e con il cioccolato bianco, in modo da formare i tre strati di mousse. Tenere in frigorifero per almeno 3 ore prima di servire. Durata: 1 giorno.

Blondies

preparazione **15 minuti**
cottura **30 minuti**

I blondies non sono altro che la versione bianca dei ben più noti brownies. A differenza di questi ultimi non contengono cioccolato, ma risultano ugualmente molto gustosi, ricchi e densi.
L'impasto può essere arricchito a piacere con una manciata abbondante di noci o pistacchi, frutta disidratata, gocce di cioccolato, ecc.

per 25 blondies

200 g di burro
175 g di zucchero di canna
120 g di uova (circa 2, grandi) a temperatura ambiente
1 cucchiaio di estratto di vaniglia *(vedi p. 18)*
un pizzico abbondante di sale
200 g di farina "00" debole (per dolci)
1 cucchiaino raso di lievito per dolci (facoltativo)

Fondere il burro a bagnomaria e lasciarlo intiepidire, unirvi lo zucchero e mescolare bene. Aggiungere le uova, l'estratto di vaniglia, il sale e battere bene il tutto per alcuni minuti in modo da ottenere un composto chiaro e spumoso. Infine, versarvi la farina setacciata con il lievito e incorporarla con l'aiuto di una spatola.

Versare in uno stampo da 20x20 cm rivestito di carta forno e cuocere in forno preriscaldato a 170°C dai 25 ai 30 minuti, a seconda della consistenza desiderata.

Sfornare e lasciar raffreddare completamente. Tenere in frigo per almeno 4 ore prima di procedere con il taglio. Conservare in un contenitore ermetico. Durata: circa 2 giorni.

Macarons al cioccolato fondente

preparazione **45 minuti**
cottura **15 minuti**

Un dolce francese che da diversi anni spopola in tutto il mondo. Impossibile non rimanere catturati dai colori e dalle varietà di questi dolcetti dall'aspetto così goloso che si incontrano nelle vetrine delle pasticcerie parigine.

Volendo preparare varianti diverse da questa, eliminare il cacao dalla ricetta relativa ai gusci e sostituire il colorante. Riempire a piacere con ganache, crema al burro o confettura, in base al gusto prescelto.

per 50-60 macarons

175 g di zucchero a velo, 140 g di farina di mandorle
25 g di cacao amaro in polvere, 100 g di albumi a temperatura ambiente
50 g di zucchero semolato, colorante rosso in pasta (facoltativo)

per la ganache
200 g di panna fresca, 200 g di cioccolato al 70%, 30 g di burro

Separare gli albumi dai tuorli almeno 2 o 3 giorni prima e conservarli in frigorifero. Così facendo perderanno una piccola parte d'acqua e formeranno una meringa più stabile (tolti dal frigo la sera prima di preparare i macarons). Lasciar asciugare la farina di mandorle in forno a 100°C per 10-15 minuti e farla raffreddare completamente. Introdurre una teglia vuota in forno e preriscaldare a 150°C. Frullare brevemente la farina di mandorle con lo zucchero a velo e il cacao (fare molta attenzione a non scaldare le polveri) e setacciare una o due volte.

Montare gli albumi a velocità medio-bassa, quando risultano spumosi unire in più riprese lo zucchero semolato e, aumentando progressivamente la velocità, montare a neve ferma ma non troppo asciutta. Unire il colorante. Versare metà delle polveri setacciate sulla meringa e incorporarle con una spatola, compiendo movimenti dal basso verso l'alto; aggiungere il resto delle polveri e continuare a lavorare con la spatola, avendo cura di non inglobare aria (questo tipo di lavorazione, che serve a smontare leggermente il composto, si chiama *macaronage*), fino a quando il composto avrà un aspetto lucido e morbido ma non troppo liquido. L'impasto, cadendo dalla spatola, dovrà formare un nastro. Versare il composto nella sac à poche e formare i macarons (diametro 2,5-3 cm) sulle teglie rivestite di carta forno. Battere leggermente sul piano di lavoro e lasciar asciugare almeno 30 minuti, in modo da evitare la formazione di crepe in cottura. Infornare sistemando la teglia con i macarons all'interno della teglia preriscaldata e cuocere per 15 minuti, o fino a quando i gusci saranno ben cotti. Sfornare, far raffreddare e sistemare i gusci su una griglia.

Per la ganache, tritare grossolanamente il cioccolato e trasferirlo in un contenitore di vetro. Portare a bollore la panna e versarla sul cioccolato, attendere qualche minuto ed emulsionare con un minipimer, in modo da ottenere una ganache omogenea e lucida. Una volta intiepidita (intorno ai 40°C), unire il burro e mescolare fino a farlo sciogliere completamente. Lasciar rapprendere a temperatura ambiente, trasferire in una sac à poche e utilizzare per farcire i gusci, unendoli a due a due. Conservare i macarons in frigorifero per almeno 24 ore, prima di consumare. Durata: 3-4 giorni.

Tortini fondenti al cioccolato e lamponi

preparazione **15 minuti**
cottura **20 minuti**

Volendo realizzare un dolce di dimensioni più grandi, da servire a fette, raddoppiare le dosi della ricetta, versare l'impasto in uno stampo da 20-22 cm e cuocere per almeno 30 minuti.
I lamponi possono essere omessi o sostituiti con altra frutta fresca.

per 6 tortini

100 g di cioccolato fondente al 70%
100 g di burro
100 g di zucchero semolato
100 g di uova (circa 2) a temperatura ambiente
50 g di farina "00" debole (per dolci)
lamponi freschi a piacere

Sciogliere a bagnomaria il cioccolato con il burro e lasciare intiepidire qualche minuto. Unire le uova leggermente battute con lo zucchero e amalgamare bene con una frusta. Incorporare delicatamente la farina setacciata con l'aiuto di una spatola.

Distribuire il composto in stampini imburrati o nei pirottini di carta e guarnire a piacere con qualche lampone.

Cuocere in forno preriscaldato a 175°C per 15 minuti, se si desidera un interno più morbido e fondente, o 20 minuti, per una consistenza più compatta. Lasciar raffreddare completamente e servire con lamponi freschi. Durata: 2 giorni.

Banoffee pies

preparazione **20 minuti**

Un dessert di origine inglese, semplice da preparare e molto, molto goloso. L'originale prevede una base preparata con biscotti tritati, dulce de leche, banane e panna montata.

Il dulce de leche è una specialità argentina che viene preparata lasciando cuocere molto lentamente 1 litro di latte fresco intero con 300 g di zucchero e 1/2 cucchiaino di bicarbonato, mescolando continuamente, fino a ottenere una crema color caramello, dalla consistenza densa e vellutata. In alternativa, si può preparare molto più facilmente immergendo un barattolo di latte condensato zuccherato in una pentola piena d'acqua fredda: portare a bollore e lasciar sobbollire per 2 ore. È fondamentale che il barattolo risulti sempre abbondantemente coperto d'acqua per evitare che esploda (se necessario, aggiungere acqua bollente). Lasciar raffreddare completamente il tutto prima di rimuovere il barattolo dall'acqua.

per 12 crostatine

300 g di biscotti integrali all'avena (vedi p. 46)
120 g di burro fuso
200 g di dulce de leche
2 banane mature
1/2 limone
200 g di panna fresca montata
cioccolato fondente a piacere

Tritare i biscotti e impastare le briciole ottenute con il burro fuso. Distribuire il composto all'interno di 12 stampini imburrati e pressarlo bene, in modo da rivestire il fondo e i bordi.

Lasciar rapprendere in frigorifero per almeno 2 ore e sformare (se necessario, aiutarsi con un coltellino).

Affettare le banane e irrorarle con il succo di limone. Spalmare il fondo delle tartellette con il dulce de leche, disporvi alcune fette di banana, coprire con una piccola cucchiaiata di panna montata e decorare con scaglie di cioccolato fondente.

Conservare le banoffee pies in frigorifero per almeno 1 ora prima di servire. Durata: 1 giorno.

Fudge al burro d'arachidi e fior di sale

preparazione **20 minuti**
cottura **5 minuti**

Un altro dolce di origini anglosassoni, riservato esclusivamente ai golosi inguaribili. Da gustare a piccole, piccolissime dosi.

per circa 50 pezzi

225 g di burro
250 g di burro di arachidi
400 g di zucchero a velo
1/2 cucchiaino di fior di sale

Sciogliere a bagnomaria il burro e il burro d'arachidi, versarli sullo zucchero a velo, aggiungere il fior di sale e mescolare fino a ottenere un composto omogeneo.

Versare il composto ottenuto in uno stampo quadrato (18x18 cm) rivestito con carta forno, livellare con l'aiuto di una spatola e decorare a piacere con del fior di sale. Far raffreddare e lasciar rapprendere completamente in frigorifero per almeno 3 ore.

Sformare il fudge e, con l'aiuto di un coltello affilato, tagliarlo a cubetti di circa 2,5 cm di lato. Chiudere in un contenitore ermetico e conservare in frigorifero. Durata: 1 settimana.

MERRY CHRISTMAS

Cremini vintage

preparazione **25 minuti**
cottura **15 minuti**

Esiste un regalo più dolce e commovente di una scatola di cioccolatini preparati con le proprie mani? I cremini sono un classico di facile preparazione e di sicura riuscita, a patto di rispettare i tempi di riposo tra uno strato e quello successivo.

La pasta di nocciole al 100% si trova nelle gastronomie più fornite ma, volendo, può essere preparata in casa. Sarà sufficiente tostare delle ottime nocciole in forno per 10 minuti a 150°C, successivamente frullarle molto a lungo, magari a più riprese, fino a ottenere una crema fluida e vellutata.

per 36 cremini

250 g di cioccolato fondente al 60%
125 g di cioccolato bianco
90 g di pasta di nocciole al 100%

Rivestire uno stampo da 15x15 cm con carta forno. Fondere 125 g di cioccolato fondente a bagnomaria, unirvi 30 g di pasta di nocciole e colare subito all'interno dello stampo. Battere leggermente lo stampo sul piano di lavoro, in modo da far fuoriuscire eventuali bolle d'aria. Lasciar rapprendere completamente.

Ripetere la stessa operazione utilizzando il cioccolato bianco, con 30 g di pasta di nocciole, e colare sopra il primo strato. Una volta rappreso il secondo strato, sciogliere il cioccolato fondente rimasto, aggiungere i restanti 30 g di pasta di nocciole e versare sul secondo strato. Lasciar raffreddare, coprire con pellicola per alimenti e far rapprendere in frigorifero per 2 ore.

Sformare il cremino e ricavare 36 cubetti (circa 2,5 cm di lato) con l'aiuto di un coltello affilato. Conservare i cioccolatini ben chiusi in un contenitore ermetico, lontano da fonti di calore. Durata: fino a 15 giorni.

Tartufi di cioccolato alla cannella

preparazione **25 minuti**
cottura **5 minuti**

Una ricetta che torna sempre utile quando si desidera preparare qualcosa di estremamente goloso in pochissimo tempo. Il segreto della bontà, inutile dirlo, sta tutto nella qualità del cioccolato.

La cannella può essere sostituita con altre spezie come zenzero, vaniglia, cardamomo, pepe di Sichuan, peperoncino, zafferano, ecc.

per 50 tartufi

250 g di cioccolato fondente al 70%
185 g di panna fresca
30 g di burro
1 cucchiaino raso di cannella in polvere
cacao amaro per la finitura

Tritare il cioccolato e trasferirlo in un recipiente di vetro. Portare a bollore la panna con la cannella, versarla sul cioccolato tritato e lasciar riposare 1 minuto.

Emulsionare con una spatola, mescolando dal centro verso l'esterno, fino a ottenere una massa lucida e omogenea. Incorporare il burro e mescolare bene. Far raffreddare, coprire con pellicola per alimenti e lasciare in frigorifero per circa 3 ore.

Trascorso il tempo di riposo, con l'aiuto di un cucchiaino prelevare piccole quantità di ganache, realizzare con le mani tante palline grandi quanto una piccola ciliegia e disporle su un vassoio.

Lasciar riposare i tartufi in frigorifero per 1 ora e passarli uno per uno in abbondante cacao amaro. Sistemare in una scatola a chiusura ermetica e conservare in frigorifero. Servire a temperatura ambiente. Durata: 4-5 giorni.

Preparato per cioccolata calda

preparazione **5 minuti**

Un preparato che non dovrebbe mai mancare in dispensa per riscaldare i freddi pomeriggi invernali.

per 10 tazze

150 g di cioccolato fondente al 70%
75 g di cacao amaro in polvere
75 g di zucchero semolato

Frullare finemente il cioccolato fondente, facendo attenzione a non scaldarlo; mescolarlo insieme a tutti gli altri ingredienti.

Conservare il preparato ben chiuso in un vaso di vetro, lontano da fonti di calore.

Per preparare una tazza di cioccolata calda, versare 30 g di preparato in un pentolino e stemperarlo con 150 g di latte fresco. Scaldare a fiamma moderata, avendo cura di mescolare continuamente, fino a quando la cioccolata risulterà ben calda e leggermente addensata.

Caramelle morbide al cioccolato

preparazione **45 minuti**
cottura **30 minuti**

L'associazione del caramello con il cioccolato fa di queste caramelle un vero e proprio peccato di gola, da preparare nei momenti in cui si desidera qualcosa di dolce ed estremamente peccaminoso. Per renderle ancora più interessanti, cospargere con poco fior di sale 10-15 minuti dopo aver colato il composto nello stampo.

per 50 caramelle

150 g di zucchero semolato
75 g di sciroppo di glucosio
2 cucchiai d'acqua
un pizzico abbondante di sale
200 g di panna fresca
100 g di cioccolato fondente al 70%
45 g di burro salato a temperatura ambiente

Rivestire con carta forno uno stampo quadrato da 15 cm di lato. Versare lo zucchero, il glucosio, l'acqua e il sale in un pentolino dal fondo spesso e cuocere fino a ottenere un caramello dorato.

Nel frattempo portare a bollore la panna. Spezzettare il cioccolato e metterlo in un recipiente di vetro, versarvi la panna bollente e lasciar riposare un paio di minuti senza mescolare. Emulsionare con un minipimer o con una spatola, in modo da ottenere una miscela lucida ed elastica.

Non appena il caramello sarà pronto, spostare il pentolino dal fuoco e versarvi l'emulsione di panna e cioccolato, mescolando continuamente (il caramello tenderà a ribollire vivacemente). Rimettere sul fuoco e lasciar bollire a fuoco moderato fino a quando il composto raggiungerà una temperatura di 118°C (ci vorranno dai 10 ai 15 minuti). Unire il burro e mescolare fino a quando sarà sciolto. Colare subito nello stampo e lasciar rapprendere per almeno 3 ore prima di sformare e tagliare con un coltello leggermente imburrato.

Avvolgere le caramelle con carta alimentare e conservarle, ben chiuse in un contenitore ermetico, in un luogo fresco e asciutto. Durata: 10 giorni.

Grazie

I miei ringraziamenti più sinceri vanno a tutte le persone che, direttamente o indirettamente, mi hanno dato il loro supporto durante tutto il percorso che ha portato alla realizzazione di questo progetto.

Al mio editore, per avermi offerto la possibilità di intraprendere questa prima importante esperienza editoriale; un ringraziamento particolare va a Francesca Badi per la fiducia, la disponibilità e l'incoraggiamento costante ed amichevole, e a tutte le persone che hanno collaborato in un modo o nell'altro alla nascita di questo libro.

A tutti i lettori del blog, vecchi e nuovi, che in questi anni mi hanno supportato e mi hanno spinta ad andare avanti continuando a coltivare la mia grande passione per la pasticceria e per la fotografia. Molto probabilmente, senza di voi, il libro che state sfogliando non ci sarebbe stato.

Ai miei genitori, Aldo e Gerarda, semplicemente per essere i migliori genitori al mondo e per aver sempre creduto in me.

Agli amici vicini e lontani e a tutte le persone che, per un motivo o per l'altro, appoggiano da anni il mio lavoro e le mie passioni, ma soprattutto apprezzano i miei dolci.

Indice analitico delle ricette

A
Amarene sciroppate, 28
Apple pie, 110

B
Banoffee pies, 128
Biscotti integrali ai fiocchi d'avena, 46
Biscotto-gelato, 72
Blondies, 122
Brioche francese, 32
Budino alla vaniglia, 64

C
Cake marbré alla confettura di mirtilli, 42
Calissons d'Aix, 84
Caramelle morbide al cioccolato, 138
Choux craquelin, alla vaniglia, 98
Ciambelline al latte, 36
Cookies al cioccolato bianco, more e pistacchi, 60
Crema inglese, 26
Crema pasticcera, 20
Cremini vintage, 132
Cremoso al cioccolato bianco e passion fruit, 106
Croissants al burro, 50
Crostatine ai frutti rossi, 102
Crostatine con ganache al cioccolato bianco e matcha, 116
Crostatine di ricotta e visciole, 62
Crumble di pesche bianche e ribes, 114

D
Diamanti alla vaniglia, 94

E
Esse di Raveo, 104
Estratto di vaniglia, 18

F
Financiers ai fichi e cannella, 80
Flapjacks al cocco e limone, 40
Fudge al burro d'arachidi e fior di sale, 130

G
Gaufres rapide, 70
Ghiaccioli alle more, 56

H
Hot cross buns, 34

M
Macarons al cioccolato fondente, 124
Madeleines, 78
Meringa, 24
Mini pastiere napoletane, 100
Mousse ai tre cioccolati, 120
Muffins allo yogurt e fragole, 48

P
Pan di Spagna, 12
Pancakes leggeri, 44
Pasta choux, 16
Pasta sfoglia, 22
Pasta sucrée, 14
Pastéis de nata, 108
Pavlova ai pistacchi e lamponi, 112
Preparato per cioccolata calda, 136

R
Red velvet cupcakes, 86

S
Sablès viennesi con ganache al limone e zenzero, 76
Sbrisolone ai pistacchi e limone, 88
Scones sofficissimi, 38
Sekerpare, 92
Shortcake alle fragole, 82
Smoothie al mango, 68
Succo di pera e limone, 58

T
Tartufi di cioccolato alla cannella, 134
Tortine di ciliegie glassate, 90
Tortine paradiso, 54
Tortini fondenti al cioccolato e lamponi, 126

W
Whoopie pies alla carota, 66

Finito di stampare nel mese di novembre 2012 presso La Tipografica Varese S.p.A. - Varese